© 2024, Autor Anónimo

© Juan Carlos Catizone, por la traducción

Editorial: BoD · Books on Demand GmbH,

 In de Tarpen 42, 22848 Norderstedt (Alemania)

Impresión: Libri Plureos GmbH, Friedensallee 273,

22763 Hamburg (Alemania)

ISBN: 978-84-1092-044-6

Título original : La Clef du Cabinet Hermétique

Foto de cubierta: Mavy Catizone Lehane

LA LLAVE DEL GABINETE HERMÉTICO

La Clef du Cabinet Hermétique

Autor anónimo

Nueva edición revisada y comentada

**de un valioso
Manuscrito Alquímico del Siglo XVII**

Traducción al español
a cargo de Juan Carlos Catizone Estévez

Este documento presenta la transcripción del manuscrito del siglo XVII cuyas imágenes pueden ser encontradas en línea en la Online Collection de la biblioteca the New York Public Library. Incluye, además, una introducción y unas notas explicativas redactadas por MM.

Índice

Introducción

"La clef du cabinet hermétique" fue una obra totalmente desconocida hasta que Fulcanelli la mencionara en sus dos tratados. En *El Misterio de las catedrales* la llama "Un valioso manuscrito anónimo del siglo XVIII" y la cita tres veces. En *Las Moradas Filosofales* sólo la cita una vez.

Esta obra fue impresa en el segundo decenio del siglo XXI. Hasta ese momento, el manuscrito había permanecido en poder de particulares. Aparece públicamente a principios del siglo XXI en el catálogo de la New York Library, y, en formato digital, unos años después, en su sitio web. El texto ha sido impecablemente escaneado pero el índice al final del tratado no ha tenido igual suerte, y las imágenes digitalizadas de varias de sus páginas no presentan la primera línea superior.

La página web da la siguiente descripción:

« Manuscript, in French, of a treatise on alchemy, with index at end of volume. Unsigned and undated, believed to date to the early eighteenth century. Endorsed on flyleaf: Albert H. Gallatin, Paris, 1869.»

— The New York Library

En las primeras hojas aparece el nombre de quien fue dueño de este manuscrito: *"Albert H. Gallatin, París, 1869."* ¿Será el mismo texto que conoció Fulcanelli? Es una incógnita que, a estas alturas, en el año 2024, parece imposible despejar, pero, de cualquier forma, es innegable que el texto del manuscrito es el mismo que Fulcanelli leyó, sea en esta copia, o en otra.

Fulcanelli indica su procedencia en la cita que hace en *Las Moradas Filosofales*:

"manuscrito copiado del original, perteneciente al Sr. Dessaint, médico, rue Hiacinthe, Paris."

— Fulcanelli, *Cap.: El Maravilloso Grimorio del Castillo de Dampierre, Las Moradas Filosofales.*

Partiendo del hecho de que la Universidad de Nueva York ha catalogado este documento como un manuscrito del siglo XVIII, existe una alta posibilidad de que sea el original de aquel que Fulcanelli dijo que había pertenecido a M. Dessaint, y no una copia. Si así fuera el caso, significaría que hay otro manuscrito en Francia o en alguna otra parte que sería la copia mencionada por Fulcanelli. No hay forma de ir más allá en este sentido sin tener más datos del documento guardado en la Universidad o alguna nota de los involucrados que permita aclarar el asunto.

Al abordar la lectura de este manuscrito debe aclararse que el francés utilizado por el autor es el llamado "Moyen Français", o francés medio, que se dejó de utilizar en los primeros años del siglo XVII, a pesar de que la fecha de redacción del manuscrito puede ser situada con seguridad a finales de dicho siglo. Esto puede comprobarse, en primer lugar, al observar que el autor menciona, como último Adepto por él conocido, a Filaleteo, quien publicó sus obras en la segunda mitad de ese siglo (entre 1654 y 1680), y, en segundo lugar, porque cita a Limojon de Saint-Didier cuyas obras fueron publicadas en 1699 por lo que puede estimarse con bastante certeza que esta obra fue escrita entre 1700 y 1710, coincidiendo entonces con la datación dada tanto por Fulcanelli como por la Biblioteca de Nueva York.

La intención del autor es la de describir detalladamente el procedimiento de laboratorio de la Obra Alquímica, algo que no es nada frecuente en las Obras de los autores más famosos, que han merecido el honor, o han tenido la suerte, de ser imprimidas. Sin embargo, no espere el lector una descripción lineal y ordenada de esas operaciones.

El autor las describe al estilo de los otros Filósofos: hablando de una parte del Proceso y describiendo otra en el mismo párrafo, mezclando las operaciones, usando distintos nombres para una misma operación o para un mismo compuesto, y, finalmente, fragmentando una operación e insertando los fragmentos en varias partes del texto.

Ahora bien, el motivo que el autor afirma que le movió a escribir esta obra es el de lograr que los amantes de la Ciencia que se dediquen al estudio de la Alquimia eviten los libros de recetas y procedimientos:

"Es aún más necesario evitar la lectura de ciertos manuscritos que se llaman procedimientos donde describen todo de punta a punta. Esto es lo que nunca se ve en un verdadero Filósofo, pero sí en este tipo de autores que no arriesgan nada; el que solo trabaja con ellos o según su método perderá su tiempo y su dinero. Es para evitar que deis este paso en falso que he hecho este tratado, para que podáis distinguir a los falsos hermanos de los verdaderos."

— *La Clef du Cabinet Hermétique, paginas 53-54*

Esta, sin embargo, es solo una de sus razones. En la página 41 de esta edición, (//35 del manuscrito), declara al respecto:

"habiendo escrito este texto para que me sirva de memoria y de agenda para mi propia aplicación, cuando Dios por su misericordia me dé la ocasión, servirá para instruir al que dejaré este escrito por testamento."

—*La Clef du Cabinet Hermétique, página 35*

Unos párrafos antes el autor nos ha asegurado que evitará en su obra el uso de parábolas, analogías, metáforas, jeroglíficos y demás medios que usan los Filósofos para ocultar su Arte. Aseveración que cumple con creces y en una medida sorprendente. Hay que señalar que este tratado da muchísimas indicaciones de laboratorio que no se encontrarán en ningún otro texto y trata de todas las partes de la Obra, exceptuando la Aumentación y la Multiplicación, operaciones, que, sin embargo, son muy conocidas y que están descritas en muchos libros alquímicos.

"Por eso me explico más claramente aquí, cosa que podría dejar de forma más oscura si escribiera para el público, sobre todo cuando se trata de entrar en la práctica."

—La Clef du Cabinet Hermétique, página 33

Por otro lado, es interesante leer que el autor tenía la intención de ver publicada su obra, lo cual se corrobora por sus frecuentes alusiones al lector. Por qué no fue publicada es algo que posiblemente nunca sabremos. Sin embargo, esa intención explicaría el motivo de que, a pesar de su franqueza, este no sea un documento tan abierto y directo como otros manuscritos que hemos visto que, obviamente, fueron redactados solo para uso personal del autor. Y debido seguramente a esa intención de ver publicada su obra, el autor recurre con frecuencia al empleo de los mismos métodos de ocultamiento que critica en otros, principalmente en Filaleteo.

Siendo este tratado eminentemente práctico el autor nos dice abiertamente que, por ese motivo, cita a Filaleteo con gran frecuencia y más que a los demás, porque es el autor que más se ha extendido sobre la práctica de la Obra:

"Es este Filósofo quien se adentró en la práctica más que ningún otro y quien fue el último en escribir. Por eso lo cito muy a menudo y mucho más que a los demás".

—La Clef du Cabinet Hermétique, final página 52

Opinión en la que concuerda con Fulcanelli y Canseliet. A continuación de lo dicho en la cita anterior, ahonda en el propósito que lo llevó a escribir este tratado:

"Es, pues, para ayudaros en este espinoso sendero y para resolver todas las dificultades que podrían impediros alcanzar el fin deseado por lo que he escrito esta obra. [Pero] no os diré las cosas de principio a fin de modo que no os quede

nada que descubrir, pues esto no me está permitido."

—La Clef du Cabinet Hermétique, página 54

Aseveración que concuerda con lo que ya habíamos dicho anteriormente, aunque no debe esperarse encontrar en este tratado una explicación clara y coherente del proceso de la Gran Obra. El autor nos lo advierte:

"Debo dejaros algunas tareas por realizar, pues no sería justo que lo que tanto trabajo e incluso privaciones ha costado descubrir - este Gran Secreto de la Naturaleza, - lo recibáis sin que os suponga el menor esfuerzo"

—La clef du cabinet Hermétique, página 54

En fin, el autor también pretende mostrar otra clase de cosas en su tratado:

"Este tratado os enseña también el modo de entender a los Filósofos que han encubierto este Arte Divino bajo parábolas y signos y bajo nombres tan diferentes para ocultarlo a los ignorantes y a los indignos."

—La clef du cabinet Hermétique, página 3

Para lo cual cita constantemente a Filaleteo, Limojon de Saint-Didier, El Cosmopolita y, a otros, como Hermes, Bernardo El Trevisano, Jean D'Espagnet, etc. práctica muy extendida entre la mayoría de verdaderos filósofos alquímicos.

Como ya se ha mencionado anteriormente, el autor describe de forma admirable todo el proceso alquímico señalando infinidad de puntos que otros filósofos no aclaran u omiten del todo. En su exposición incluye las operaciones relativas a la Primera Obra que constituye uno de los puntos más celosamente guardados por todos los Filósofos Químicos. Y uno de sus méritos más importantes es que insiste una y otra vez a través de todo el Tratado, en las virtudes del Agua Mercurial:

"Es su Luna viva, es el verdadero y primer ser de Oro, siendo aún Volátil, y es el campo en el que se siembra el Sol.

—La clef du cabinet Hermétique, página 117

Es este, sin embargo, como ya se dijo anteriormente, un autor que usa constantemente las mismas técnicas que le reprocha a Filaleteo y que después serán utilizadas extensamente también por Fulcanelli: las de mezclar dos operaciones diferentes y presentarlas como si se tratara de una sola, o la de escribir sobre una operación como si perteneciera a cierta parte del proceso cuando en realidad pertenece a otra parte. Es usual también entre los autores alquímicos el comenzar la descripción de un proceso en un capítulo y terminarlo en otro u otros. Nuestro autor recurre a este procedimiento prácticamente en todas sus descripciones. Es preciso, por tanto, no dejarse llevar por una interpretación literal y lineal.

Confiamos en que el lector sepa apreciar la riqueza de información que esta pequeña obra le ofrece, y que no hallará en ninguna otra parte. En ella encontrará la descripción de todo el Proceso Alquímico a excepción de las operaciones finales: la Fermentación, la Multiplicación y la Proyección que están muy bien descritas en *La Entrada Abierta al Palacio Cerrado del Rey.* Añadiendo a esa singular característica de esta obra el deseo del autor de dar la mayor cantidad posible de información, deteniéndose a explicar pequeños y precisos detalles sobre la Práctica que otros autores no mencionan. Son estas características las que colocan esta obra muy por encima de los tratados escritos por la mayor parte de los autores, quienes, aunque aseguren hablar de la Obra completa solo describen al final una parte de esta.

Sobre el autor

Aunque el autor del manuscrito ha permanecido, hasta la fecha, anónimo, los editores de la versión inglesa publicada por *Rubedo Press* en 2020, hacen notar en el apéndice de esa edición el hecho de que los tres primeros párrafos de esta obra son prácticamente idénticos a los tres primeros párrafos de *Le Chemin du ciel chymique* de Jacques Tol de la que se conoce exactamente la fecha de publicación de su versión latina:

Jacobus Tollius, *Manuductio ad cœlum chemicum*, Amstelædami; Apud Janssonio-Waesbergios, 1688

es decir, unos doce o quince años antes de la redacción probable de este manuscrito.

¿Se trata de un simple plagio de esos párrafos o es que quizás fuera Jacques Tol el autor de este manuscrito y se limitó a tomar los párrafos iniciales de una obra anterior suya para empezar esta nueva obra? Por el momento, sin un análisis más profundo y sin otras pruebas es imposible decirlo.

Acerca de Albert H. Gallatin

En el siglo XIX fue propietario del manuscrito, que actualmente se halla en la Biblioteca de Nueva York y cuyo nombre aparece al principio del documento. Según los datos que se tienen de su vida, viajaba constantemente a Europa y adquirió este manuscrito en Francia en 1869.

Los Gallatins fueron una familia de origen suizo que adquirió prestigio y fama entre los padres fundadores de los Estados Unidos de América. Este Albert H. Gallatin fue nieto del Albert Gallatin que ostentaba el cargo de senador y secretario del Tesoro durante la presidencia de Thomas Jefferson. El hermano de Gallatin sirvió como cirujano en la Guerra de Secesión y como profesor de varias ciencias en cinco universidades.

Albert H. Gallatin fue profesor de química, geología y ciencias minerales en la *Universidad de Norwich* (CT); profesor de química en el *Rutgers Female College* (Nueva York); profesor de química analítica en la *NYU*; profesor de química analítica y director del laboratorio en la *Cooper Union* y profesor de física en el *Rensselaer Polytechnic Institute* (Nueva York). También estudió en el *Union Theological Seminary*, fue curador en el *New York Lyceum of Natural History* y director del *Zoological Garden* en Central Park. Nació en 1839 y falleció en 1902.

Sus documentos fueron donados a la Universidad de Nueva York donde probablemente pueda encontrarse más información sobre sus actividades alquímicas, así como varios manuscritos de Obras alquímicas como el *MssCol 1819*, que contiene los siguientes tratados:

"Dos volúmenes. Uno contiene una copia manuscrita, en francés, de un tratado no identificado de Raymond Lully (Ramon Llull) sobre alquimia, así como una copia de una carta de Lully al rey Robert. El otro contiene una copia manuscrita, en francés de otro tratado de alquimia no identificado, posiblemente de Lully. Le siguen *"Practique de M. Jean de la Fontaine, enero de 1414"* y *"De Intentione artis toti"* de Lully, que incluye ilustraciones. Se cree que este volumen data de principios del siglo XVIII.".

Lamentablemente ninguno de estos textos está disponible para consulta en línea. El lector interesado tendrá que visitar la Biblioteca para consultar esos manuscritos personalmente.

Ediciones impresas

A fecha de junio del 2024, existen por lo menos cuatro traducciones impresas de esta obra, en cinco ediciones:

1. *La clef du cabinet hermétique,* Editions Philomène – Alchimie, 2019. Formato grande. Parece contener facsímil del original y versión en francés moderno.

2. *La Clef du cabinet hermétique*, Editions Philomène, Nov 12, 2021, formato A5, que solo contiene la versión en francés moderno.

3. *La clef du cabinet hermétique*, Éditions Unicursal, 2023, formato A5.

4. *The Key to the Hermetic Sanctum/La Clef du Cabinet Hermétique,* Rubedo Press, Abridged, February 8, 2021, formato A5, versión bilingüe.

5. *La llave del Gabinete Hermético,* Anónimo. Traducción de Juan Carlos Catizone, formato 17x22 cm. BoD-Books on Demand, Alemania, 2024. Sexta edición.

La presente edición

Esta edición en español se diferencia de las otras ediciones mencionadas, en varios aspectos importantes:

a. Es el trabajo de un grupo de personas ajenas al ámbito editorial que quieren poner al alcance de los interesados esta pequeña joya del siglo XVII.

b. Se han incluido las anotaciones al margen del texto como notas a pie de página, y los subrayados del autor.

c. Se han agregado más de cien notas a pie de página, que:

    1. Proporcionan información histórica, lingüística o de fuentes bibliográficas al uso de los comentarios modernos, de este tipo de obras.

    2. Aclaran las - a menudo - oscuras expresiones de los Filósofos alquímicos, extrayendo ejemplos del texto y proporcionando los datos necesarios para poderlos entender mejor.

    3. Describen las operaciones a las que se está refiriendo el autor en determinado pasaje, y en qué parte del proceso se ubican.

    4. Aportan referencias y citas de autores clásicos – de Filaleteo, principalmente - que amplían el texto del autor, o de sus propias citas, con el objeto de demostrar que todos los verdaderos Filósofos Alquímicos hablan de lo mismo.

Estos comentarios le servirán al lector atento para poder comenzar, o, tal vez, recomenzar a leer a los autores clásicos de la alquimia de una forma diferente, obteniendo un mayor entendimiento de sus obras.

Además, también sirven de complemento al texto del autor, y permitirán a muchos adentrarse con paso más seguro en la interpretación de las obras alquímicas clásicas.

Las notas a pie de página no son exhaustivas y podríamos fácilmente haber duplicado su número, pero queremos que el lector ejerza su propio criterio (forjado en la lectura de los textos clásicos) acostumbrándose a la forma de escribir de los verdaderos Filósofos, y aprenda a discernir donde es que ellos dicen la verdad, donde ponen operaciones falsas, donde mezclan las operaciones, y donde las omiten.

Esto se logrará con una lectura cuidadosa de esta edición, contrastando las operaciones descritas en los diferentes capítulos de la obra, y mediante la comparación de las conclusiones que se puedan sacar de la lectura de otras obras alquímicas (nos referimos de un modo muy particular a *La Entrada Abierta al Palacio Cerrado del Rey* de Filaleteo, de la que esta pequeña obra se nutre y a la que comenta abundantemente).

Con todo esto esperamos allanarle considerablemente el camino al lector, un camino a cuyas dificultades deberá enfrentarse desde el comienzo, al abordar textos de este género.

M.M.

Sábado, 08 de junio de 2024.

Notas acerca del manuscrito, agregadas por la Biblioteca de Nueva York:

- *21 linear foot (1 volume).*
- *Manuscript, in French, on alchemy. Unsigned and undated, believed to date to early eighteenth century. Endorsed on flyleaf: Albert H. Gallatin.*

Inicio del Manuscrito

Las seis primeras páginas del manuscrito no fueron numeradas por el autor.

Pasta //1

{Sello] 1176 16

{símbolos que no se entienden final del sello al lado derecho}

Albert H. Gallatin, Paris, 1869.

14124 //2

páginas en blanco //3, //4, //5

Albert H. Gallatin. Paris, 1869. //6

Notas de interés:

La numeración de las páginas del texto original se encuentra inserta en el texto de este libro, precedida por dos barras oblicuas (//). Esta numeración se ha preservado porque es necesaria para poder entender la Tabla de Contenido que el propio autor coloca al final del tratado.

Las palabras o frases que no se encuentran en el manuscrito original pero que han sido agregadas para mejor comprensión del texto aparecen entre corchetes ([]).

En algunas notas usaremos la abreviatura *"la Clef"* para referirnos a esta obra (La Llave del Gabinete Hermético).

Prólogo.

Muchos me acusarán de temeridad y presunción, cuando vean que me atrevo a emprender la tarea de instruir a hombres muy sabios en el Arte Químico, enseñándoles cosas que hasta ahora han ignorado, y señalándoles lo que han entendido mal: pues yo mismo estoy muy lejos de un conocimiento perfecto de este Arte. Ahora bien, toda vez que le sea útil al público, si los eruditos encontraran algunas cosas que no son de su agrado, la sinceridad con la que escribo más que atraerme su indignación debiera servirme como excusa ante ellos, y aunque pudiera haberme cegado el error, como a muchos otros **//1,** o porque un trabajo acertado me haya conducido a la verdad, siempre estaré muy seguro de brindarles a muchas personas la ventaja de librarse en el futuro de los gastos innecesarios generados por unos trabajos infructuosos y de la consiguiente pérdida de su tiempo, que es un bien tan preciado y querido por ellos en lo que atañe a su Salvación, que debe ser la principal ocupación de los cristianos.

> *- Buscad primero el Reino de Dios y todo os irá bien,* -dice el Señor en el Evangelio.

El método que me he propuesto seguir para realizar tan excelente Obra es muy diferente al que otros han seguido en este camino tan resbaladizo y que lleva a tantas personas al precipicio.
Tengo por garantes a los grandes hombres que han escrito sobre esta Ciencia y de modo especial al célebre Hermes, quien, **//2 -** si bien haya escrito muy poco sobre Ella - en su breve plática nos enseña, sin embargo, todo el secreto de esta gran Obra, y puede decirse que el presente tratado no es más que una explicación o comentario de su Tabla Esmeralda[1], en la que están contenidos

---

[1] *La Tabla de Esmeralda, -Tabla Esmeralda, Tabla Esmeraldina, o Tabula Smaragdina -* es considerada por todos los Filósofos como una descripción completa, aunque críptica, de toda la Obra y por eso ha sido comentada por muchos de los más famosos autores ya sea en forma parcial o total. Entre esos autores tenemos a Hortulano cuyo comentario es el más famoso, pero también, por poner un ejemplo, a Fabre de Bosquet en su *Concordancia Mito-Físico-Cábalo-Hermética,* entre tantos otros.

todos los misterios de este admirable Arte.

Es por eso por lo que lo titulo *La Llave del Gabinete Hermético.*
Este tratado os enseña también el modo de entender a los Filósofos que han encubierto este Arte Divino bajo parábolas y signos y bajo nombres tan diferentes para ocultarlo a los ignorantes y a los indignos.

Capítulo I. De la materia en general

Son pocos los que han entendido cómo se hace la Piedra **//3** de los Filósofos, y nunca nadie lo comprenderá, a menos que Dios, o alguno de los Filósofos, por una Gracia singular, se lo revele; pues ¿quién puede imaginar que lo que los hombres buscan con tanto afán desde hace tanto tiempo se encuentre encerrado, sin embargo, en una Materia que pisotean y arrojan a las calles[2], que siempre tienen ante los ojos, que se encuentra en la basura y en el estiércol?

Esto es lo que tendría que confundir el orgullo de los hombres que desprecian las cosas que deberían estimar, y honran y respetan lo que no es nada en su origen.

El oro que brilla ante sus ojos les deslumbra, un ídolo que a menudo requiere de un gran cuidado y de grandes preocupaciones para adquirirlo, aun a costa de la salvación eterna; si conocieran la Materia de que está hecha la Piedra, no tendrían **//4** probablemente una opinión tan elevada de él y se verían obligados a admitir que la apariencia y todo el brillo de este mundo son pasajeros, y que no son nada como dice el profeta Rey, pues toda carne es tan sólo estiércol.

La Escritura compara el verde[3] con el Oro, aunque aquel sólo esté hecho de ceniza[4]. *Sabe, hombre, que no eres más que ceniza.*

Tenían, pues, razón los Filósofos al ocultar este misterio a los ojos de aquellos que sólo valoran las cosas por el uso que se les ha dado, porque si lo supieran o si se les revelara abiertamente la Materia que Dios se complace en ocultar en las cosas que les parecen útiles, ya no la estimarían[5].

---

[2] Véase nota en //20.

[3] No se ha encontrado este dato en la Biblia, pero sí una única referencia asociando el vidrio con el Oro en Apocalipsis 21:21. Probablemente un error del autor. Podría tratarse también de una indicación de verde → vegetativo y Oro que tendría más sentido en esta frase.

[4] El autor pretende en este párrafo dar una clave importante del proceso, pero a la manera usual de los Filósofos, sin decirlo abiertamente y pareciendo hablar de otra cosa.

[5] Philalèthe en su *Exposition to Sir George Ripley Preface* dice:

"Y verdaderamente no es nuestro propósito hacer que el Arte sea común a toda clase de hombres; escribimos sólo para los que lo merecen, con la intención de que nuestros Libros no sean más que marcas de ruta para quienes viajan por estos senderos de la Naturaleza, y hacemos lo que podemos para excluir a los indignos.". este párrafo es citado por Fulcanelli en *El Misterio de las Catedrales, Cap. Amiens.*

La Materia es única en su origen, la Naturaleza actúa también por los mismos principios, ella **//5** sólo difiere en especie y forma.

Por ejemplo: el alimento que toma el hombre cambia y se convierte en la sustancia de su cuerpo. El mismo alimento que nutre al hombre puede transformarse en la sustancia del animal y en una sustancia mucho más noble que la materia de la que se nutre. Así, lo mismo ocurre con la Piedra de los Filósofos: aunque la materia es vil, se transforma por Arte en una perfección mucho más noble que la del Sujeto del que deriva.

Los Filósofos se han servido de dos Vías para alcanzar este Gran Secreto[6]. La primera atañe al Arte, y la Naturaleza tiene poco que ver en ella. La segunda es obra de la Naturaleza y el Arte sólo le sirve de ayuda.

La primera es difícil y costosa, y la segunda es fácil y no requiere de grandes gastos. Es **//6** de esta última Vía de la que trato aquí, y la que han seguido casi todos los Sabios.

La mayoría de los que han escrito acerca de esto, han seguido esta Vía, entre ellos Artefio, Zachaire, El Trevisano, Flamel, etc.

La primera Vía les era desconocida, o si la conocían, la publicaban bajo el nombre de la segunda.

Por eso, es muy difícil discernirlas en la lectura de los Filósofos; a menudo ponen estas dos Vías juntas para confundir a los lectores.

Filaleteo, que fue uno de los últimos en escribir acerca de ello, nos exhorta a no dejarnos confundir. Estas Vías, aunque diferentes en sus operaciones, con respecto al Sujeto que han utilizado, son siempre una y la misma.

La Ciencia de la Alquimia ha ido encontrando diferentes medios, pues los Filósofos ya han descubierto **//7** otros caminos más cortos que los que tiene la Naturaleza para el perfeccionamiento y la transmutación de los metales[7].

El Cosmopolita señala cierto número de estos, y dice que hay algunos que saben

---

[6] Encontramos desarrollada en los siguientes párrafos la famosa distinción de la Obra Alquímica en dos vías. Véanse también //53 y //79. Se recomienda leer lo que dice al respecto Filaleteo en *La Entrada Abierta al Palacio Cerrado del Rey*.

[7] Estos procedimientos son los llamados "*pequeños particulares*" que menciona Fulcanelli en *Las Moradas Filosofales*.

cambiar el hierro en cobre, que de Júpiter hacen Mercurio, que de Saturno han hecho plata, y que, si supieran unir a estas transmutaciones la naturaleza del Sol, harían algo aún más valioso que el oro mismo.

Son árboles maduros pero silvestres, en los que se pueden injertar esquejes Solares y Lunares y de este modo hacer mejoras y transmutaciones que fructifican de conformidad a las especies Solar y Lunar. Me refiero a los metales imperfectos, después de haberlos reducido a sus primeros Principios y haberlos purificado. **//8** Se les puede unir el Alma Vegetativa por una única Vía conocida por los Filósofos, y no por las que se imaginan los filósofos vulgares, y de las que a menudo abusan muchas personas que desconocen su propia ignorancia.

Nuestra Materia se halla encerrada en los cuerpos impuros, así que estos cuerpos deben ser corrompidos, no de una forma totalmente destructiva que acabe definitivamente con ellos, sino por una corrupción que conduzca a la generación de la muerte a la vida, y que, por una resurrección gloriosa, de nacimiento a este Hijo del Sol, que debe ser entregado a su Padre y devuelto al vientre de su Madre; es decir, unido a este cuerpo fijo y permanente, el vivo resucitará al muerto, y estos dos cuerpos animados por el mismo Espíritu, producirán unos Hijos semejantes a su Padre y a su Madre; esto es todo lo que se puede decir de la Materia en general. **//9**

Capítulo II.
De la materia en particular

Es una Humedad Untuosa que está encerrada en todos los seres de la Naturaleza, una Materia viscosa y pegajosa.

Está oculta tan profundamente en el centro de los Elementos, y los une tan estrechamente que es imposible separarlos sino por un medio que sólo conocen los Filósofos.

Esta Materia se cubre con el manto de los Elementos y [estos] no tienen ningún poder sobre ella, ni siquiera el Fuego, por violento que sea, siendo fija e inalterable por Naturaleza.

Por eso los Filósofos dicen que se mantiene intacta en el Fuego, ella es la Materia Próxima de su Piedra, que inspiró a Basilio Valentín estas admirables palabras: *Búscala en las entrañas* **//10** *de la Tierra. Allí hallarás nuestra Piedra escondida y la verdadera medicina*.

Es la Primera Materia de los metales que son más o menos perfectos, según esta se una a una materia más o menos perfecta. Si se une a una materia pura forma el oro, si es menos pura forma la plata, si es aún más impura, forma el plomo, y así sucesivamente; es la Humedad Seca de Geber, que no moja las manos.

Pero esta Materia, aunque muy fija en su Naturaleza, se volatiliza fácilmente[8] por medio de los Elementos que le sirven de vehículo, y los desarrolla y une sin alterar no obstante su propia Naturaleza, a la manera del Fuego, que, aun mezclándose a todos los seres sigue siendo Fuego, incluso cuando es reducido de la potencia a la acción, al igual que el sol, que, aunque extiende su influencia sobre toda la tierra, sigue siendo siempre sol. Es **//11** por eso por lo que es susceptible a las impresiones de los Elementos y a las influencias de los Astros que atrae y retiene. Es el Imán y el Acero de los Sabios[9].

Se eleva de la Tierra al Cielo y desciende del Cielo a la Tierra, y se llena de las influencias del Cielo, y principalmente de la Gran Luminaria, sirviendo para la multiplicación y generación de todos los seres. Es por medio de ella que reciben

---

[8] Habla de nuevo de esta propiedad en otras partes del tratado; véase, por ejemplo, //117.

[9] En la *Platica entre Eudoxio y Pirofilo* de Limojon de Saint-Didier puede encontrarse el siguiente texto: "*No debéis ignorar que nuestro anciano es nuestro Mercurio; que este nombre le conviene porque es la materia prima de todos los metales; el mismo Filósofo (refiriéndose a El Cosmopolita) dice que es su Agua, a la cual da el nombre de Acero y de Imán*".

su acción y movimiento. Los animales reciben la vida a través de ella y todo lo que está animado en la Naturaleza. El mismo hombre no puede prescindir de ella, pues mantiene su vida y su movimiento, puesto que hace en la Naturaleza la función de la hembra, recibiendo del Cielo y de los Astros, y principalmente del Sol, que es el macho, la acción y el movimiento; ella es como el esperma, la Matriz que recibe la semilla masculina; ella realiza el Matrimonio entre el Cielo y la //12 Tierra, es la que contiene el Fuego Oculto de los Sabios[10] sin el cual el Artista no puede alcanzar el fin del que tratamos en un capítulo concreto. De estos dos Espermas, se forma la materia del Mercurio de los Filósofos. Por eso el gran Hermes dice estas admirables palabras: *El Sol es su padre y la Luna su madre, el Aire lo lleva en su vientre que es la matriz y el receptáculo.*[11]

El Cosmopolita dice que está en el vientre del Carnero, entendiendo con El Carnero el comienzo del tiempo primaveral, cuando el Sol entra en este Signo Celeste, que es el de la renovación de este Espíritu que anima toda la Naturaleza. Es esta semilla arrojada en el mar de los Sabios, que es nuestro Aire, la que da toda la fecundidad a nuestra Piedra, es esta semilla que ellos saben extraer por medios desconocidos para los químicos vulgares[12], //13 y saben unir a un Azufre puro; a esta semilla la llaman Mercurio.

Por eso dicen que su piedra está compuesta de Mercurio y Azufre puro, y dan al primero el nombre de Luna y al segundo el de Sol.

Estas son las dos grandes Luminarias que debéis extraer de la Piedra[13].

El Intercambio del Cielo y de la Tierra está perfectamente descrito por el Cosmopolita, quien, por una comparación os señala lo que debe hacer el Filósofo, que ha de ser el imitador de la Naturaleza que Dios ha formado así, habiendo unido el Cielo y la Tierra, que tiene sus Estrellas que son el Sol y la Luna. Nuestro Maestro[14] nos dice que todo lo que está arriba es como todo lo que está abajo, del mismo modo, el Filósofo debe unir el Cielo con la Tierra, debe sacar del Caos, a saber, de su Sujeto, las Luminarias, separar la //14 luz de

---

[10] Nota al margen del autor: v.p. 29, 30 y siguientes y el capítulo 3 también.

[11] Versión ligeramente diferente al original: *El Sol es su padre, la Luna es su madre, el viento la ha llevado en su seno, la tierra es su nodriza.*

[12] Estos *"medios desconocidos a los químicos vulgares"* son las operaciones que conforman la Primera Obra.

[13] Aquí el Filósofo anónimo es mucho más claro que la mayoría de los autores y señala que estas dos sustancias deben ser extraídas de la materia utilizada en la elaboración de la Piedra.

[14] Hermes.

las tinieblas y por la unión del Espíritu convertirlas en un todo perfecto, imitando en esto a Dios en la Creación del Mundo. Es en este último aspecto que nuestro Arte es considerado un Arte Divino. Después de haber extraído estas Luminarias y estos Elementos, y de haberlos luego despojado de su tosquedad e imperfección terrenal, hacen de ellos un todo homogéneo, un compuesto que llaman Elixir[15], que contiene la fuerza del Cielo y la Tierra, y que Hermes llama la Fuerza de las fuerzas, que reduce todo poder en acción, y todo ese poder es reducido a un puñado de polvo. Por eso no debe extrañarnos que este tenga tan grandes efectos, tanto para la salud como para la perfección de los metales imperfectos.

Pues este polvo divino tiene la virtud de purificar los elementos del hombre y los pone en su equilibrio natural, cuya perturbación es la causa inmediata de la destrucción. **//15**

Trataremos en un capítulo expresamente de sus virtudes, que son innumerables. Ella no tiene menos efecto sobre los metales: de imperfectos los hace perfectos. El designio de la Naturaleza era hacerlos perfectos y hacerlos Oro, pero habiéndose visto impedida en su operación, y no pudiendo llegar a su fin, produce metales imperfectos, no Oro, y lo que la Naturaleza hace en gran número de años, el Filósofo lo hace en pocas horas.

De modo que no hay nada que sea más digno de un hombre, que trabajar en esta Obra o Búsqueda Divina, ya que puede adquirir salud y riquezas a través de esta Ciencia, que debe preferir a todas las demás ciencias, excepto a la de la salvación de su Alma, que debe ser su principal ocupación.
Buscad primero, - dice el Señor en su Evangelio - *el Reino de los Cielos, y todas las cosas os serán dadas por añadidura.* [16]**//16**

---

[15] Philalèthe en su *Exposition to Sir George Ripley Preface* habla más extensamente de este punto: *"Una vez unidos, estos dos operan dentro del Recipiente hasta que el Compuesto se convierte en un Polvo negro, que entonces es llamado Cenizas del Plato. Este Polvo se vierte en un Caldo negro, que se llama Elixir, o Agua extraída por Elixación, que reitera la Licuefacción. Este Elixir se divide en una parte más sutil, que se llama Azoth, y la parte más densa se llama Latón, que es lavada y blanqueada por el Azoth. En el Rebis las materias se confunden, en el Elixir se dividen y en el Azoth se unen en una unión inseparable."*
[16] Mt 6:33

Se puede decir de nuevo que esta Ciencia es Divina, porque sólo Dios la da, se la enseñó a Moisés, a su hermano Aarón, a los Patriarcas, y a sus descendientes, a Salomón que tenía un conocimiento perfecto de ella, y que se conservó hasta la época de Esdras, que reconstruyó el Templo.

Después del Cautiverio de Babilonia, Sem, uno de los hijos de Noé, la hizo pintar en las columnas que fueron encontradas tras el Diluvio. Sem la aprendió de Adán, es por eso por lo que vivieron tanto tiempo, ya que fue conservada y comunicada cabalísticamente a algunos judíos.

Sólo Dios y un amigo a quien Dios se la haya inspirado pueden comunicártela; Si tienes esta buena suerte, guárdala como un tesoro precioso, pero sobre todo no la comuniques a los indignos, porque atraerías sobre ti la maledicencia de Dios, que te castigaría nada //17 menos que, con una repentina muerte, o te pondría en manos de los poderosos que te harán morir en una prisión.

En cuanto a la posesión de la Piedra Filosofal, no es tan difícil como la mayoría de la gente imagina[17].

Es la Naturaleza la que actúa, y siempre actúa de forma certera según principios exactos, a menos que encuentre ciertos obstáculos en su camino, pero si sabes cómo eliminar estos obstáculos, llegará infaliblemente a su fin y al término que Dios le ha prescrito.

Es cierto que, en cuanto a la Materia particular es imposible que el hombre la determine; Dios, por Su poder ha conjugado a todos los seres de la Naturaleza de tal manera que realicen esa forma. De este modo el hombre no puede crear nada, y Salomón dice que no hay nada nuevo bajo el cielo.

Dios ha impuesto esta ley a toda la Naturaleza, de crecer y multiplicarse cada uno según su especie, //18 por su gran palabra *"Fiat"*.

Esta ley se encierra en cada semilla que la sigue inviolablemente, y cada ser obedece a esta ley, como decimos todos los días en el Padrenuestro, *Fiat voluntas tua, sicut in Coelo et in Terra* [18].

---

[17] *"El Cosmopolita y Artefio son más precisos cuando aseguran que esta ciencia es fácil para el que la entiende"*, Exposition to Sir George Ripley Preface, Philalèthe.

[18] «*Hágase tu voluntad, así en el Cielo como en la Tierra*», el Padrenuestro.

El Filósofo, por lo tanto, no pretende hacer nada por sí mismo, ni puede imponer a ningún ser que le de vida a una especie determinada, pues ésta sería una clase de creación que está reservada al Soberano Creador del Universo.

Aquel, en cambio, se sirve de la Materia general llevándola de la potencia a la acción, sabiendo extraerla de las cosas imperfectas al separarla de la materia bruta y grosera, y de sus impurezas que le impiden actuar para que, siendo imperfecta, pase a ser más que perfecta, y que, de tal perfección, sea capaz de llevar a su culminación cada cosa según su especie; a las plantas, por ejemplo, las hace crecer en menos tiempo, y dar sus frutos **//19** con mayor abundancia. En las minas, transmuta los metales en oro de color más fuerte que el oro común. En el hombre, purifica sus humores, los pone en perfecto equilibrio, mantiene y conserva ese Fuego Celeste que constituye su vida, su movimiento y su acción, y comunica ese Aceite incombustible y ese Humor Radical al corazón donde residen la vida y el movimiento. Así pues, no es difícil comprender que ella proporciona una larga vida.

En cuanto al Sujeto, os diría, como hacen los Filósofos, que está en todas partes[19], puesto que la Naturaleza es su Sujeto y su Materia General; pero hay, sin embargo, una en particular que contiene todo lo necesario para hacer esta Gran Obra; porque para quién quisiera trabajar indistintamente sobre todas las materias de la Naturaleza, la vida no sería lo bastante larga para llegar al final. Cada mixto requiere elaboraciones **//20** diferentes, algunas de las cuales se hallan demasiado alejadas de las que componen su Piedra, y de la materia particular que es la Materia Próxima, y su Fuego sin el cual no podrían hacer nada, le sería aún más difícil encontrar los mixtos, y los pesos de la Naturaleza le son desconocidos, y por los largos trabajos que tendría que hacer y los gastos consecuentes, se vería obligado a abandonar la Obra.

---

[19]   Philalèthe en su *Exposition to Sir George Ripley Preface* aclara mejor este punto: *"Sabed, pues, con seguridad que cuando los Filósofos dicen que su materia está en todas partes, etc. lo dicen sólo para cegar a todos los que, tomando el significado de los Filósofos según el simple sonido de sus palabras, cosechan bagatelas en lugar de tesoros."*

En el caso de nuestro Sujeto, el gasto es modesto, y el Triunfo Hermético asegura que la adquisición del Sujeto de la Materia necesario para hacer la Obra no excede de la suma de diez soles[20].

Este Sujeto aparece de una forma muy vil, que lo hace despreciable a los ojos de los hombres, aunque contiene un tesoro precioso, y está cubierto de algunos harapos; pero bajo estos harapos, pronto veréis con vuestros propios ojos el Oro resplandeciente y el color **//21** Celeste del Arco Iris[21], signos que te harán saber lo que contiene y de lo que es capaz; verás en la segunda operación la luz salir de las tinieblas y de su caos, verás las dos Luminarias que harás aparecer, lo seco y a Saturno adornado con vestiduras negras, el Dragón Negro; en pocos días verás el Espíritu convertirse en Cuerpo, verás a Diana, verás las dos montañas por las que fluye el precioso arroyo que sale de la Piedra más clara que el cristal, en fin, los primeros elementos de los que los Filósofos forman su Mercurio y su Azogue, verás todas estas operaciones, sin que pongas tus manos sobre ellas. Es este Sujeto el que el padre oculta a su hijo y el hijo a su padre; sólo Dios y un amigo pueden revelarlo.

---

[20] En la Francia del siglo XVIII un obrero ganaba de 3 a 10 libras por día. Una libra tenía 20 soles antes de 1726 y 24 soles después de esa fecha y antes de la Revolución francesa. Véase la nota en //36.

[21] Fulcanelli cita este párrafo de forma diferente: «*Si dejáis discurrir esta agua, veréis con vuestros propios ojos el oro brillando en su primer ser, con todos los colores del arco iris.*» El Maravilloso grimorio del castillo de Dampierre, *Las Moradas Filosofales*.

Capítulo III. De la preparación de los elementos y de su separación en general

//22 Os diré en primer lugar, que, en general, la preparación de nuestros Elementos no es propiamente una separación, sino una depuración de los principios espirituales que componen nuestra Piedra; que la Naturaleza tiene en ello más parte que el Artista. ¿No nos dicen los Filósofos que su Piedra se sublima, se disuelve, se engrosa[22], se coagula y se fija ella misma? ¿No vemos en los animales y en los hombres que en los alimentos que se disuelven en sus estómagos no hay separación de substancia, y todo se reduce a una substancia homogénea, y a una forma que llamamos *quimo*[23], con excepción de algunos excrementos que se separan de él?[24].

Lo mismo sucede en nuestra Piedra: no separamos nada de las Sustancias y Principios de la Piedra; y lo que parece imperfecto, grosero e inmundo, lo cambiamos **//23** en una materia más sutil, más perfecta y capaz de recibir los Principios Espirituales, lo cual se hace por medio de nuestro Fuego, que sabemos introducir en nuestra Materia; es este Fuego el que no se extrae de la materia, como dice Pontano, el que transforma todo lo que es grosero, imperfecto e inmundo, en un Ser y en una Sustancia más purificada, más sutil y perfecta[25].

---

[22] Nota al margen del autor: "nota"

[23] En francés *chymie*: líquido espeso en el que se transforman los alimentos en el estómago (del griego *Khums*: jugo, humor).

[24] Aunque estas oraciones en el original carecen de signo de interrogación, se entienden mejor si se les agrega.

[25] Pontano dice algo parecido: *"Tiene varias superfluidades que, te lo aseguro por el dios viviente, se convierten por medio de nuestro fuego en verdadera y única Esencia. Y quien -creyéndolo necesario- separe alguna cosa del objeto, seguro que nada sabe de Filosofía. Ya que lo superfluo, lo sucio, lo inmundo, lo vil, lo fangoso y por lo general toda la substancia del objeto se perfecciona por medio de nuestro fuego en un cuerpo espiritual fijo. Esto, los Sabios nunca lo han revelado, y, como consecuencia, pocas personas llegan a este Arte, pues imaginan que algo sucio y vil debe ser separado."* Sin embargo, hay que tener cuidado con tomar al pie de la letra esta afirmación. Se acerca más a la verdad lo que dice *la Clef* a continuación, en los dos siguientes párrafos.

Es cierto que en esta purificación se separan algunas heces que son excrementos y que son accidentales a la Materia y no forman parte de su Naturaleza. A esto no se le llama verdadera separación, pues los Principios permanecen siempre unidos y vinculados.

Los posos que se separan del vino no forman parte del vino, aunque procedan de la materia que compone el vino. En el crecimiento de los metales, no vemos ninguna separación sensible, la Naturaleza por lo tanto se sutiliza, se transforma **//24** en otras formas más perfectas que emergen gradualmente, purificándose cada vez más por la acción de su Fuego Interno, hasta alcanzar su término de perfección.

Nosotros hacemos lo mismo en nuestra Obra, y aunque es verdad que separamos algunas sustancias principalmente en la primera y en la segunda Obra[26], esta separación de Sustancias no es una verdadera separación de Principios como se imaginan los químicos vulgares, que no comprenden el sentido de los Filósofos; porque cada Sustancia que separan contiene a las otras, el agua que destila una planta contiene toda la virtud de aquella, y aunque lo que queda en el fondo del jarrón se separa del agua destilada y se deposita bajo una capa de esa misma agua, apareciendo bajo otra forma, contiene las mismas virtudes y Principios del agua destilada por la planta. Por tanto, cuando los Filósofos **//25** hablan de la separación de los Elementos no es una separación esencial de Principios, sino una separación de Sustancias, a las que ellos denominan Elementos o Sustancias Primeras; a las más sutiles y libres de Materia las llaman Aire y Fuego, y a las más groseras, Tierra y Agua, con relación a la naturaleza de los Elementos que es propiamente la de separar lo sutil de lo espeso, como dice Hermes[27].

.

[26] Lo que dice en este párrafo nos muestra una de las formas clásicas de expresarse de los Filósofos. Se puede asegurar que hay una verdadera separación de algunas sustancias en la Primera y Segunda Obra. El ejemplo que da a continuación del agua destilada de una planta se refiere a lo que él llama más abajo Elementos, que es otra operación de la Obra. Nuestro autor ha mezclado entonces dos operaciones en forma tal que parecen una sola.

[27] El autor se ha estado refiriendo constantemente -y lo seguirá haciendo a lo largo de su obra- a la primera parte del Proceso, de la que casi nunca hablan los Filósofos, lo que hace de su tratado uno de los más completos y minuciosos en los detalles del Trabajo.

Es, pues, erróneo lo que muchos se imaginan, a saber, que con el término "Elementos" nos referimos a los elementos comunes, pues sería una especie de Creación[28], si el hombre, mezclándolos, pudiera formar algunas cosas. Dios creó todo en Número, Peso y Medida. El Filósofo no añade nada a la perfección de lo que Dios ha hecho, ni forma nada ni crea nada.

En la primera Obra, es verdad que se separan **//26** unas Sustancias para luego reunirlas, pero, con respecto a los Principios y las Luminarias, lo hacen por sí mismas.
Es la Naturaleza la que lo hace sin que el Artista ponga su mano en ello para hacer un compuesto que es una mezcla, un ensamblaje, o más bien una unión de estos mismos Principios bajo una misma forma, en la que están contenidas dos sustancias espirituales que llaman Aire y Fuego, que son invisibles; y dos sustancias corpóreas que son Agua y Tierra, que son visibles, y llaman a este compuesto Piedra.

En la segunda Obra, o en la segunda depuración, es el Artista quien hace esta separación, y es en esta Obra donde hay que aplicar todo lo que los Sabios dicen de las operaciones, y todos los términos de Destilación, Sublimación, Coagulación y similares que utilizan, que no indican más que una **//27** Sublimación más perfecta de la Materia. Esto no se hace de otra forma que como se hace en la química ordinaria, que nos enseña que, para purificar una materia, hay que sacar de ella la Sal, el Azufre y el Mercurio y separar las sustancias, y unir los tres Principios para hacer un Licor y una sustancia más perfectos.
Hacemos lo mismo en la segunda Obra, ya que son siempre los mismos Principios y las mismas Sustancias. Estas Sustancias, reunidas, aparecen en forma de Agua a la que llaman Mercurio; y a la Tierra la llaman Azufre, por lo que dicen de que su Piedra está compuesta de Azufre y Mercurio.
Otros dan al Agua el nombre de Luna y a la Tierra el nombre de Azufre, encubriéndolos bajo varios otros términos que explicaremos en un capítulo particular, pero no hay que apegarse a la diversidad de nombres. **//28**

---

[28] El autor utiliza el término "*Elementos*" varias veces más en su tratado. Leyendo esas otras secciones, se podrá entender cuál es el verdadero significado que los autores alquímicos le dan a esta palabra. Véanse //43 y la nota a pie de página adjunta.

El Cosmopolita dice que la composición de esta Agua está muy oculta, y los Filósofos apenas hablan de ella, y si lo hacen, es sólo para describir su poder y sus virtudes. Por eso es por lo que él dice que es rara, ya que ella hace todo el compuesto de la Obra; hablaremos de ella más particularmente en su lugar.

Los Filósofos dicen que esta Agua toma su origen del Aire[29], de acuerdo con lo que dice el gran Hermes, que el Aire la lleva en su vientre y el Autor de La Escalera de los Sabios dice, que nuestro Niño Filosófico nace en el Aire. Por eso nuestra Agua tiene el poder de dar vida a la Tierra, es decir, de volver a poner el Alma en su Cuerpo, lo que se realiza hacia el final de la primera Obra, pero que, de hecho, se hace en la segunda, que confunden con la primera[30].

Otros Filósofos dicen que debe tomarse en el momento del nacimiento, es decir, en el lugar de su nacimiento.[31] **//29**
Este Aire es el que buscamos y con el que componemos nuestra Agua y nuestro Fuego. No son el Aire y el Fuego que sentimos y respiramos.

Es en esa Agua que introducimos este Fuego, hacemos la paz entre enemigos, hacemos del Agua y del Fuego amigos. Esto es lo que dice el mismo Autor citado en el tercer grado: *es,* - dice, - *que nuestra Agua es la Clave de la Obra, y que contiene el Espíritu y el Alma de la Piedra.*
La Tierra, o Cuerpo, o Azufre es nuestro Latón (*airain*) y nuestro Latón es nuestro Oro. Pero no todo Azufre es nuestro Latón ni el oro vulgar es nuestro Oro, aunque sean hermanos uterinos, procedentes de la misma madre y del mismo padre.

---

[29] Nota al margen del autor: v.p. 70
[30] Véanse //55 y //56, donde el autor sigue hablando de este tema.
[31] Estos dos últimos párrafos clarifican y complementan lo señalado por Fulcanelli en *El Misterio de las Catedrales*: Añadiremos, una vez más, que hace falta un cuerpo particular que sirva de receptáculo, una tierra atractiva donde pueda encontrar un principio susceptible de recibirle y de darle «corporeidad». «La raíz de nuestros cuerpos está en el aire -dicen los Sabios-, y su cabeza, en tierra.» Ahí está ese imán encerrado en el vientre de Aries, el cual hay que tomar en el instante de su nacimiento, con tanta destreza como habilidad.

Capítulo IV. Los Elementos en particular y su preparación.

En cuanto a la Materia de la que extraemos nuestros Elementos, ya os he dicho que se encuentra en todas partes, pero que **//30** los Filósofos tienen un Sujeto particular del que la extraen. Lo encontraréis infaliblemente y más próximo en los metales, pues varios Filósofos lo hallaron allí y han llevado a cabo la Obra. Pero el método es más difícil, porque hay que abrir las barreras por un medio que pocos conocen.[32] Describiremos esta Obra en otro tratado[33] sobre los semi-minerales[34] y vegetales; [aunque] es casi imposible obtenerla de estos medios, pues la materia está demasiado lejos y sería necesario reducirla y unirla a la naturaleza metálica, lo que sería una tarea demasiado larga.

Habiendo encontrado al Sujeto separado de la materia que lo rodea y que lo oculta a los ojos de los hombres, tómalo en el momento de su nacimiento, es decir, en el lugar de su nacimiento; y si, como dice Virgilio, los dioses te son favorables, habiendo descubierto **//31** uno, el otro aparecerá pronto. Búscalos en el Sol y en la Luna donde están vivos, búscalos en el Aire que los contiene y cuando los hayas encontrado, es decir por la meditación, como dice el gran Hermes, hazlos aparecer a los ojos; dales ropajes acordes con su Naturaleza. Ponlos en el vientre materno, pues si los vuelves a poner en los materiales equivocados, los corromperás y sólo producirás engendros antinaturales y perniciosos.

Por tanto, es necesario despojarlos de los cuerpos impuros en los que están envueltos, y es con el fin de ayudaros en esta práctica que me propongo proporcionaros los medios. Reservándome, sin embargo, lo que no es lícito decir, y mucho menos escribir. Sin embargo, os hablaré más claramente de lo que lo ha hecho ningún Filósofo, a condición de que estéis al corriente de esta Obra y conozcáis el Sujeto. **//32**

El resto lo encontraréis y podréis compartirlo con algunos amigos que se saben capaces de trabajar en esta Obra. Por eso me explico más claramente aquí, cosa

---

[32] Se agregó este punto, y la palabra «aunque» más adelante, para entender mejor la oración.
[33] ¿Existió este otro tratado? Hasta la fecha (2024) se desconoce su existencia.
[34] Probablemente el autor esté hablando de los otros metales que se conocían en la antigüedad y que no formaban parte de los siete metales clásicos tales como el zinc y el antimonio (actualmente el antimonio es clasificado como metaloide).

que podría hacer más oscuramente si escribiera para el público, sobre todo cuando se trata de entrar en la práctica.

Podría valerme de metáforas, jeroglíficos, figuras enigmáticas, parábolas, similitudes, comparaciones[35], suposiciones y otras cosas que podría haber inventado, como han hecho mis colegas los Filósofos, que han ocultado bajo tantos velos los misterios de esta Gran Obra de la Naturaleza a los ojos de los indignos, pero no a los de los verdaderos Filósofos que saben ver bien a través de esos velos.

Por eso dicen que hay que tener ojos de lince para ver a través de ellos[36], que hay que descorrer la cortina, que no hay que detenerse en la letra sino en el sentido //33 profundo, no por el sonido de las palabras sino por lo que significan.

Lo mismo ocurre con el conocimiento de los Principios: no debes apegarte a su apariencia externa, sino penetrar en su interior, despojarlos de sus harapos, separar de ellos la corteza, para darles vestiduras reales, es decir, para que se tornen blancos como la Luna y resplandecientes como el Sol; para eliminar todas sus oscuridades, para sacar la luz de las tinieblas, para reconciliar lo más opuesto, para unir lo Húmedo con lo Seco, el Fuego con el Agua, lo Caliente con lo Frío, para sacar el Aire del Agua, y el Agua del Aire; la Tierra convertirla en Agua; y de nuevo, el Agua hacerla Tierra; la Tierra hacerla Aire; y el Aire hacerlo Tierra; lo Fijo hacerlo Volátil y lo Volátil Fijo; disolver y coagular, todo lo cual son paradojas y antítesis para quienes no las entienden, //34 aunque son, sin embargo, cosas muy ciertas, como se convencerán después de leer este tratado, que explico de manera particular en este capítulo.

Evitaré todos aquellos términos bajo los cuales los Filósofos han ocultado esta admirable Obra; habiendo escrito este texto para que me sirva de memoria y de agenda para mi propia aplicación, cuando Dios por su misericordia me dé la ocasión, servirá para instruir a quien dejaré este escrito por testamento. Esta es la única propiedad que poseo; no habiendo tenido hasta ahora los medios para

---

[35] Como se dijo en la introducción el autor cumple su palabra y no recurre a ninguno de estos artificios. Usa, sin embargo, como ya se ha dicho, otros trucos tales como omisiones, mezclar el orden de los procedimientos, describir dos operaciones como si fueran una, etc.
[36] Véase nota anterior.

trabajar en ella y aplicarme plenamente. Pues esta Obra requiere una plena dedicación. Las actividades [y] los asuntos domésticos me lo han impedido siempre[37],[aunque] el gasto es muy módico[38], y no es motivo para abandonar la dedicación que es preciso tener; es un trabajo natural del hombre que no sobrepasa sus fuerzas. Ella [esta Obra] no es **//35** contraria a la salud, pues su objetivo principal es aliviar a los pobres, librarlos de su miseria y enfermedad, y glorificar a Dios fundando casas religiosas, hospitales y templos en su honor, y ofrendando sacrificios y oraciones para el alivio del alma. Ella es útil al estado, al país, dando medios a las potencias para levantar ejércitos para su defensa[39].

Es, pues, un gran mal perseguir a los que se aplican a este Arte. Y los que no tienen ningún cargo en la república, que no son mercaderes, ni artesanos, que se encuentran razonablemente bien económicamente, deberían aplicarse a él, en vez de llevar una vida blanda y perezosa y entretenerse con bagatelas y con cosas indignas de la dedicación de un hombre de bien. **//36**

---

[37] ¿Logró el autor realizar la Gran Obra? Así como en este párrafo afirma haberse visto detenido en su trabajo, en el prólogo afirma que: "*...pues yo mismo estoy muy lejos de un conocimiento perfecto de este Arte*" lo que sugeriría que no lo terminó, aunque sabía perfectamente como realizarlo.

[38] Esta afirmación, como él mismo dijo en otra parte, hay que "*tomarla con un grano de sal*". Aunque no haya que hacerse muchos gastos en la mayor parte del proceso, no es tan barato como hacen suponer algunos autores, y entre ellos, el mismo autor de este tratado. Véase //21.

[39] Enumera aquí el autor todos los beneficios de poseer la Piedra Filosofal.
Llama la atención que, al contrario de muchos otros Filósofos, no menciona ni un solo beneficio personal. Todos son beneficios para los demás, beneficios sociales.

Capítulo V. De las operaciones en general

Son doce[40], que son otras tantas Llaves para abrir las Puertas de nuestro Gabinete Hermético y de nuestro Sujeto Filosófico. Estas operaciones son la Calcinación, la Trituración, la Disolución, la Sublimación, la Inhumación, Loción, Conjunción, Fijación y Nutrición[41].

La Calcinación, en nuestra Obra, no es una operación agresiva que se efectúa por la violencia del fuego como creen los químicos vulgares.

Es propiamente una Desecación de la Materia de la que se quiere quitar su humedad flemática, que se hace por un Fuego mediocre, por el que se da una Calcinación física de la Naturaleza, en la que el Artista no pone las manos[42]; la Materia se calcina por sí misma, lo cual sucede en el medio y **//37** al final de la Obra; en el medio cuando el negro comienza a aparecer, el Sol desaparece y el Cuerpo del Sol se pone bajo la Luna; que los Filósofos me atiendan bien, si quieren saber en qué momento se dan la Coagulación y la Fijación.

En la Calcinación se incluye la Rubificación[43], que es una especie de Sublimación del Cuerpo Blanco de la Luna, que, por esta operación, al aumentar el fuego un grado, se vuelve Rojo.

La Trituración es una operación que precede casi siempre a la Calcinación.

Hay que moler nuestra Materia (cuando hablo de nuestra Materia en las operaciones hay que entender siempre el Cuerpo de la Piedra, o el Sujeto con

---

[40] División clásica de las Operaciones de la Obra como *Les douze clefs de la Philosophie* de Basile Valentin y *The Twelve Gates* of George Ripley.

[41] Aquí enumera nueve Operaciones. El autor aclara al final de este capítulo que las tres últimas Operaciones: la Conjunción, la Fijación y la Nutrición se producen en la Multiplicación.

[42] Esta afirmación es muy usual entre los escritores alquímicos y ha sido interpretada de infinidad de formas. Se está refiriendo aquí a la última etapa de la elaboración de la Piedra donde los componentes están dentro del Huevo Filosofal y las Operaciones enumeradas se adjudican a una parte de los cambios que se observan dentro del Huevo durante el tiempo de la cocción. Por eso se dice que el Artista no mete las manos.

[43] Esta Operación se hace al final, en la Fijación, y el hecho de que el autor la coloque bajo la Calcinación confundirá al operador desprevenido. No miente, sin embargo, el autor porque la Rubificación es una especie de Calcinación estando la materia ya seca en la que se acrecienta el grado de calor, como dice al final del párrafo.

el que está formado el Cuerpo, como sabemos, para las operaciones). Moler nuestra Materia no es molerla en un mortero[44], es decir, reducir la Materia en partes menudas. La Naturaleza lo hace por sí misma, sin las manos del Artista. **//38** Así como la Tierra comienza a sublimarse y se mezcla con los otros Elementos, lo mismo ocurre en la Disolución del Sujeto Filosófico, cuando se lo funde en el Agua y se vuelve como el hielo que se derrite en el agua caliente, o más bien como un trozo de cal viva, que, arrojada al agua, se muele y se divide casi en átomos.

Esta es la tercera preparación que damos a nuestro Sujeto.

La Disolución[45] es la misma que se entiende habitualmente, que es la reducción de un cuerpo a Agua, salvo que en nuestro Magisterio se hace un poco diferente y en nuestra Obra no se hace de una sola vez, sino por Lociones repetidas. Toda la Materia se reduce a Agua, a excepción de algunas partes y residuos, cuando dicho Disolvente está suficientemente lleno de partes terrestres. Es en esta operación cuando las partes ígneas se mezclan con **//39** el Agua, que el Fuego se convierte en Agua y se une con el Aire, y el Aire se convierte en Agua; lo que ellos llaman propiamente una conversión de Elementos que es una mezcla de las partes ígneas, acuosas, aéreas y terrestres, que siempre mantienen sus Naturalezas de Aire, Fuego, Agua y Tierra que ocupan uno de los mayores espacios entre ellos por la interposición del Agua y el Aire que los hacen expandirse y adquirir un mayor volumen. Es esta la conversión que produce el Intercambio del Cielo con la Tierra tanto en el gran mundo como en nuestra Obra Divina.

La mano del Artista es necesaria en esta operación, la Naturaleza hace esta Disolución, en la que la Tierra se transforma en Agua; es en esta operación, dicen los Filósofos que la Piedra se disuelve. Es propiamente esta operación la Llave que abre las Siete Puertas de nuestro Gabinete Hermético, pues en cada

---

[44] Otro ejemplo de esas expresiones tendenciosas de los autores alquímicos que confunden al lector desprevenido. Como se dijo en la nota 40, aquí se está hablando de las Operaciones que se observan en el Huevo Filosofal. Por tanto, no hay necesidad de usar un mortero. Eso no excluye que no se use en otra parte del Proceso alquímico. Los principiantes toman al pie de la letra este tipo de afirmaciones y sacan conclusiones extravagantes llegando a extremos tales como las interpretaciones psicológicas de Jung y sus seguidores.

[45] El autor que ha estado hablando de las Operaciones en la última parte del Proceso, pasa a hablar aquí de la Primera Obra. Como siempre, dice mucho más que los otros Filósofos, pero el estudioso desprevenido se verá perdido en esos cambios de una parte del Proceso a otra.

Disolución se abre una Puerta; esta Puerta abierta **//40** da entrada a la segunda de la segunda a la tercera y así sucesivamente hasta la Séptima Puerta que nos da las dos Luminarias que son el Principio como decimos a continuación, y esto se hace por reiteradas Disoluciones.

Pero esta Disolución no se hace si no precede a una Calcinación; esta operación es la más esencial de la Obra[46], pues como dice Bernardo, todo depende de disolverlo y coagularlo todo, ya que la Calcinación de los Filósofos es propiamente una Coagulación; esto es lo que dice Filaleteo, que, para lograr la unión de nuestras Naturalezas, es necesario tener un Agua Homogénea, a la que se le prepara el camino por la Calcinación, realizando un desecado previo. Esta Disolución es, propiamente, - continúa, - sólo una reducción a átomos del Agua con la Tierra por el tamiz de la Naturaleza que es el Aire, y los átomos son más finos y sutiles[47].

La Sublimación es una operación por **//41** la cual purificamos cada vez más nuestro Sujeto liberando los elementos de su terrenalidad y de sus impurezas maternas, haciendo subir las partes terrestres al extremo superior del Vaso por la acción de nuestro Fuego ayudado por el Fuego de la Naturaleza, y por este medio la Tierra recibe la virtud de los Elementos superiores. Esto es lo que llamamos Sublimación, porque la Tierra adquiere una virtud más poderosa y sublime; también se le llama dar alas a la Tierra y hacer Volátil lo Fijo.

Filaleteo describe esta Sublimación de forma admirable porque, - dice, - cuando esta tiene lugar, el Cuerpo comunica su fijeza al Agua y el Agua comparte su volatilidad con el Cuerpo, pero no toda el Agua sube, ya que una parte permanece con el Cuerpo en el fondo del Vaso; si consideráis esta operación a menudo y con atención, notaréis que el Cuerpo hierve **//42** y se tamiza en el Agua que queda abajo y que por medio de esta misma Agua que atraviesa y

---

[46] Nótese que esta Calcinación es diferente de la Calcinación de la que hablaba al principio de este capítulo. Hay aquí otro ejemplo de la forma de hablar de los autores que, en este caso, llaman Calcinación a varios procesos diferentes de la Obra y los pone uno a continuación del otro, lo que crea la ilusión de que es una sola operación.

[47] El lector que desee sacar el mayor provecho de este tratado hará bien en leer atentamente *La Entrada Abierta al Palacio del Rey* junto con esta obra. Por ejemplo, en este caso se lee en el Capítulo XXI sección IV del *Palacio*: «*Sin embargo, esta desecación no es una verdadera desecación, sino la reducción en átomos muy sutiles, gracias al tamiz de la naturaleza*»

abre el resto del Cuerpo, y por esta Circulación, - al hacerse el Agua más sutil, - atrae al final el Alma del Sol suavemente y sin violencia[48]. Ahora bien, esta Sublimación es totalmente opuesta a la de los químicos que por la violencia del fuego hacen sutil una materia haciéndola subir por sus aludeles; nuestros Aludeles y nuestros Vasos son los Elementos[49]. Por eso no necesitamos tantos vasos y alambiques; hablaremos de ellos en un capítulo aparte. Esto es lo que entendemos por Sublimación, la Destilación se confunde a menudo con el término Sublimación, porque el Cuerpo o la Tierra, al sublimarse, se destila pasando a través del filtro de la Naturaleza que es el Aire, y el Aire, coagulándose, forma gotas, y estas gotas se reducen a Agua que llega a nuestra Destilación. El Aire es la tapa del alambique de la Naturaleza. **//43** El recipiente es el Agua y la Cucúrbita es la Tierra. Así que no necesitamos tantos alambiques y tantos vasos; necesitamos, sin embargo, una especie de alambique para separar el Espíritu del agua y desflemarlo, que es el Espíritu Blanco, y para sacar el Espíritu Solar de nuestro Cuerpo, que son nuestras dos primeras Luminarias, y el Mercurio Blanco y el Mercurio Citrino que apartamos y de los que hablamos en la práctica y en las operaciones en particular[50].

La Inhumación es una operación muy esencial en la Obra. Es devolver a la Tierra su humedad; hacerla espiritualmente corpórea; lo Volátil se hace Fijo y de una fijeza tanto más perfecta cuanto más se reitere esta operación. Esto se hace por Imbibición repetida, humedeciendo la Tierra hasta que se haya embebido de toda su Agua; es también por esta operación que se blanquea lo negro, **//44** y por la que se corta la Cabeza del Cuervo; es también por ella que se sublima la Tierra y que se le da alas, con la ayuda de la Sublimación y la Destilación; como las operaciones vienen las unas de las otras, tienen una conexión muy grande. Por esto los Filósofos tienen razón en decir que todas estas operaciones se suceden las unas a las otras, y que constituyen, a la vez, una sola operación en un solo Vaso. Esta operación tiene lugar principalmente al final de la Obra, y

---

[48] *La Entrada Abierta al Palacio Cerrado del Rey*, Eireneaus Philalethes, Capítulo 24, VII.

[49] El autor da aquí una definición de la palabra "Elementos" y de algunas operaciones de laboratorio. Sin embargo, en //61, //63, //66 y //68 "Elementos" tiene un significado diferente. El significado tradicional de esta palabra dentro del proceso Alquímico puede inferirse de las descripciones al final de //29 y en //40. Nos encontramos aquí con un ejemplo más de la forma que tienen los Filósofos de fragmentar y repetir algo a lo largo de sus textos por lo que solo la lectura cuidadosa, frecuente y repetida después de haber leído otros autores permite que se logre captar el sentido de lo que han querido decir.

[50] Véase Capítulo III. *De la extracción de los Cuerpos de las dos Luminarias Sol y Luna*.

Filaleteo habla de ella en estos términos: *"Coced la Materia continuamente con el Fuego que le sea propio"*[51], de modo que en el Vaso se vea subir un Rocío, y una neblina que volverá a caer en forma de gotas, de día y de noche; por esta Circulación el Mercurio sube por sí mismo como es propio de su Primera Naturaleza, y el Cuerpo permanece en el fondo del Vaso, también en su primera Naturaleza, hasta que después de un largo **//45** período de tiempo el Cuerpo comienza a retener un poco de Agua; así, el Cuerpo y el Agua se hacen, el uno y el otro, partícipes de los grados de cualidad que cada uno tiene por separado. Esto significa que el Cuerpo comunica su fijeza al Agua, y el Agua comparte su volatilidad con el Cuerpo. Tras añadirse, de ese modo, por intermediación del Alma, el Espíritu se reconcilia con el Cuerpo, y ambos se unen en el color negro. La Loción es una operación por la que blanqueamos el Cuerpo Negro del Oro, por Imbibición repetida de su Agua de la que ha sido extraído; como blanqueamos lo Negro, llamamos a esto lavado o Loción. Por eso algunos Filósofos han dicho que su Obra es una obra de mujer, porque ellas blanquean. Se usa sólo cuando la Piedra es negra en la primera y segunda Obra[52], porque en la tercera el blanqueamiento se hace [de forma] diferente. No hay que dejarse confundir por lo que dicen los Autores que dividen la Piedra en sólo dos Obras[53].**//46** Aclararemos más este punto. Consultad el capítulo donde es tratado.

La Conjunción es la unión de dos sustancias que mezclamos entre sí; las sustancias son el Mercurio Blanco y el Mercurio Rojo que al unirse forman el Mercurio Animado y el Mercurio Citrino de la primera preparación de la que sacamos nuestras dos Luminarias, Sol y Luna, que reuniéndose sin la mano del Artista, aparecen bajo un Cuerpo Blanco que es el Oro Blanco de Filaleteo[54] y la Lunaria de los Filósofos sobre la que algunos de ellos escriben, cuando dicen que para entonces la Hembra sube sobre el Macho; estos dos Cuerpos puestos

---

[51] Probablemente *La Entrada Abierta al Palacio Cerrado del Rey*, Capítulo 21, VII. Eireneaus Philalethes.

[52] Esta aclaración es una que prácticamente no se encuentra en ninguna otra obra alquímica. Es por ello por lo que hay que seguir literalmente el adagio alquímico de la decimocuarta plancha del *Mutus Liber*: *Ora, lege, lege, lege, relege, labora et invenies* (Ora, lee, lee, lee, relee, trabaja y encontrarás).

[53] Es de notar que el autor mismo de *la Clef* divide la Operación en dos Obras en otra parte de su manuscrito. No hay ninguna contradicción, pero debe saberse exactamente a lo que se refiere cuando habla de este tema. Vuelve a hablar de las Obras en //55 como lo ha prometido.

[54] Léase el Capítulo I de *La Entrada Abierta al Palacio Cerrado del Rey*.

en Putrefacción se transforman en un Cuerpo Negro, cuando el Eclipse de Sol de los Filósofos se hace semejante al del sol del gran mundo que sucede por la interposición de la luna ante el sol, y lo mismo sucede en nuestro pequeño mundo Filosófico. Volvemos a hacer esta //47 operación, cuando unimos la Luna al cuerpo del Sol; entonces debemos cortar la Cabeza del Cuervo y blanquear el Cuerpo Negro del Oro. Este es el primer Matrimonio y la primera Conjunción del Macho y la Hembra en la última Obra de la primera parte. Esta Conjunción se realiza aún más perfectamente; pero la Naturaleza la hace sin la ayuda del Artista[55].[Cuando hablamos de] la Putrefacción, no entendemos en esta operación una Putrefacción leprosa que lo destruya todo, sino solamente una Putrefacción orientada a la generación, que es más bien una mortificación de las sustancias Lunares y Solares, qué culmina en la formación de nuestras Luminarias, después de la debida Digestión administrada por un Fuego conveniente; las Luminarias comienzan a salir de su Caos y de su Eclipse, y el Cuerpo del Sol comienza a coagularse en átomos negros en la superficie del Agua. Esto es lo que Filaleteo entiende con los pequeños Cuervos que salen de sus Nidos[56], a los que hay que impedir //48 que regresen cuidando de tomarlos sutilmente. Es en este sentido que los Filósofos dicen que tomemos nuestras Luminarias cuando nacen, y es entonces, dice Filaleteo, que hay que gobernar bien el Fuego[57], no empujándolo de tal manera que se agote el Agua, y que la Tierra ya seca no tenga ninguna, para evitar que las crías de los Cuervos vuelvan a sus Nidos una vez que hayan salido de ellos, que son estos pequeños átomos negros que aparecen en la superficie del Agua, y también para impedir que la Tierra, debido a la falta de Calor, se asfixie y se ahogue por un exceso de Agua.

La Coagulación, la Fijación y la Nutrición engloban de un modo particular la segunda parte de la Obra, que es la Multiplicación, y que abordaremos en otro capítulo. //49

---

[55] En este párrafo el autor reúne bajo el nombre de una sola «conjunción» las diferentes conjunciones que ocurren en la Obra.

[56] *La Entrada Abierta al Palacio Cerrado del Rey*, Eireneaus Philalethes, Cap. XXVI, II. Aquí regresa a las operaciones que se observan en el Huevo Filosófico.

[57] Puede referirse a varias partes de su tratado *La Entrada Abierta al Palacio Cerrado del Rey*, Eireneaus Philalethes. Cap XIII, 21 y 23, Cap. 25, III. Cap. 28, II y V, por poner algunos ejemplos.

Segunda parte

Operaciones particulares absolutamente necesarias para la práctica

Prólogo

Hemos dicho en los capítulos precedentes todo lo que es preciso para el conocimiento de los Principios de la Piedra y de la teoría de la Piedra. Ahora pasaremos a la práctica.

Es esta selva oscura de la que hablan Filaleteo y Polifilo[58] la que hay que penetrar, en la que tanta gente se pierde, sin un buen guía que le muestre el camino recto y le dé los medios para salir de ella; es este Dédalo y este Laberinto con Siete Puertas descritas como aquellas de las que no se puede salir sin el Hilo de Ariadna[59]; es este Mar tempestuoso donde hay tantos escollos y naufragan tantas personas, a menos **//50** que se tenga [como guía] un piloto experto[60]; finalmente, es esa práctica que los Filósofos tienen más escondida en sus escritos y que han ocultado tras tantas figuras, enigmas, metáforas, semejanzas, suposiciones, problemas, y aún expresiones que es imposible entender sin la ayuda de un buen Artista, o de un buen Maestro. Y cuando parecen hablar con más claridad, es entonces cuando son menos sinceros, y cuando hablan más oscuramente, es cuando dicen la Verdad. Acostumbraron a actuar de este modo, como ya os he dicho y señalado, para ocultar nuestra Ciencia a los ignorantes y a las personas incapaces de poseerla, dejando a la orden de la Divina Providencia el inspirarla a quien le plazca.

Algunos han seguido otro método, no utilizando alegorías ni figuras; lo que hicieron fue mezclar las operaciones **//51** de tal manera que es fácil confundir una operación con otra. Como lo que conviene a la una no conviene a la otra, describen el principio, diciendo que es el fin; y a menudo el fin lo ponen al principio. Esto produce una confusión en la mente al leer sus escritos, que no

---

[58] El *Sueño de Polifilo,* de Francesco Colonna. Obra muy famosa por sus grabados que nunca se ha considerado como un tratado de Alquimia. Fulcanelli sólo la menciona de pasada en *Las Moradas Filosofales.* Nuestro anónimo es el primer autor que el comentador conoce que la utilizó como alegoría de un proceso de laboratorio.

[59] Existe un tratado con este nombre: Batsdorff, *Le Filet d'Ariadne, pour entrer avec sureté dans le Labirinthe de la Philosophie Hermetique.* París, Laurent d'Houry, 1695.

[60] También hay un tratado con este nombre, Mathurin Eyquem, señor du Martineau, *Pilote de L'onde vive,* Paris, Jean d' Houry. 1678. Cómo todo escritor verdadero de este Arte, nuestro autor nos está mostrando que conoce extensa y profundamente a la mayoría de los Filósofos Químicos clásicos.

es desdeñable[61].

De todos los Filósofos, Filaleteo es el que más ha ejercido este género de escritura, en el que mezcla tan hábilmente las distintas operaciones, las recorta y las vuelve a juntar de tal manera que parecería que está hablando de la misma operación, para quien no sepa penetrar en el tejido de aquellas. Es, sin embargo, este el Filósofo que habla más sinceramente, y tiene la buena fe de advertir al lector de que no tome al pie de la letra sus propias palabras. Es este Filósofo quien se adentró en la práctica[62] más que ningún otro y quien fue el último en escribir[63]. Por eso lo cito a él muy a menudo y mucho más que a los demás, a pesar **//52** de que se ha esforzado de forma particular en describir la Piedra Mineral que él llama "la difícil"[64], cuya materia son el oro y el mercurio vulgar, haciéndola pasar por aquella que es de los Antiguos y que es la más fácil[65], que se hace sin mercurio ni oro vulgar y que es la de los Antiguos. Habla poco de ello, mezclando, sin embargo, algunas operaciones de [la Piedra] Mineral con la Piedra de los Modernos, que pertenece a la de los Antiguos.

Cuando hablo de los Filósofos, me estoy refiriendo a los verdaderos; hay muchos que pasan por Filósofos y que nunca lo han sido, ni nunca han conocido la Piedra, aunque han escrito para parecer Sabios en este Arte, de los que hay que tener cuidado, porque son capaces de haceros salir del buen camino. Hay que evitar aún más la lectura de ciertos manuscritos a los que llaman

---

[61] Hay que observar que en //33 dice positivamente que no va a usar los recursos de metáforas, analogías, símiles, etc. Aquí nos informa acerca de cuáles son los otros recursos que usan los Filósofos para ocultar sus operaciones y que él mismo utiliza en este tratado.

[62] Fulcanelli, en *El Misterio de las Catedrales* dice: «*Philaléthe, que, en su Entrada abierta al Palacio cerrado del Rey, es quien más se extendió sobre la práctica de la Obra…*" y el propio Philalette en su *An Exposition Upon the Preface of Sir George Ripley* dice de este tratado que "… es una Acumulación de mi propia experiencia (it was a Congest of mine own experience)*"

[63] Habiendo sido escrita la *Entrada Abierta al Palacio Cerrado del Rey*" en 1645 de acuerdo con su autor, y habiendo aparecido el primer libro impreso de Philalèthe en el decenio de 1650 indica que el autor escribe en la segunda mitad del siglo XVII o principios del XVIII, lo que es más probable debido a sus referencias a Limojon de Saint-Didier.

[64] El autor la llamó «*La primera es difícil y costosa*» en la página seis.

[65] Es la que en //6 el autor dice que «*la segunda es fácil y no requiere de grandes gastos.*» y de la que agrega «*Esta última vía es la que trato aquí y la que han seguido casi todos los antiguos Sabios*».

procedimientos, donde se describen todas las cosas de principio a fin[66].

Esto es lo que nunca veréis en un verdadero Filósofo, pero esta **//53** suerte de autores no arriesga nada; es sólo el que trabaja con ellos o según sus métodos quien pierde su tiempo y su dinero.

Es para evitar que deis ese paso en falso que he escrito este tratado, para que podáis discernir entre los falsos hermanos y los verdaderos, para que, si encontráis y conocéis a un verdadero Adepto, este os guíe y os enseñe lo que os pueda resultar difícil en la práctica, y podáis hacer sociedad con él.

Es, pues, para ayudaros en este espinoso sendero y para resolver todas las dificultades que podrían impediros alcanzar el fin deseado, por lo que he escrito esta obra.

[Pero] no os contaré las cosas de principio a fin, de modo que no os quede nada más por descubrir, pues no me está permitido. Debo dejaros algunas tareas por realizar, pues no sería justo que lo que tanto trabajo e incluso privaciones ha costado descubrir **//54** - este Gran Secreto de la Naturaleza, - lo recibáis sin que os suponga el menor esfuerzo. Yo no hago uso de ninguna suposición ni similitud, sino sólo de algunas expresiones figuradas. En pocas palabras, lo que yo os muestro es la pura Verdad sólo cubierta por un tenue velo, demasiado fino como para que su espesor consiga ocultarla.

En fin, para dar un poco de orden a un asunto que los Filósofos han querido escribir sin orden, divido la Piedra o nuestra Obra que comúnmente se llama Magisterio en dos partes que los Autores llaman la primera y la segunda Obra.

La primera, atañe a toda la composición de la Piedra y a su Perfección, hasta la Fermentación.

La segunda, comprende todas las operaciones necesarias para la segunda y última Perfección de la Piedra. Yo la divido de forma diferente para **//55** mayor esclarecimiento de la primera parte.

Esta primera parte, la separaré en tres órdenes diferentes, siguiendo la división de Geber, aquel gran rey de los árabes, que escribió muy doctamente sobre ella.

---

[66] Nuestro autor es muy preciso en condenar a los que dan procedimientos detallados punto por punto, ya que según él es algo que los Filósofos verdaderos jamás han hecho, lo cual resultará evidente para todo aquel que haya leído a los autores clásicos de este Arte.

La primera la llamaré, al igual que él, la Medicina o la Obra de primer orden. Diré todo lo que pertenece a este orden y a esta Obra, para no confundir lo que pertenece al primero, atribuyéndolo al segundo y al tercero, y, por lo contrario, no dividiré en muchos capítulos cosas que son de escaso interés para la comprensión de los escritos de los Filósofos y para la práctica de nuestra Divina Obra.

Capítulo I.
De la Extracción de las Tinturas

Después de haber extraído nuestra Materia de su mina[67], la lavarás bien para sacarle sus impurezas, y después de haberla lavado, la dejarás caer, para **//56** que repose y asiente en el fondo del Agua, la desecarás, y la calcinarás, y cuando esté bien calcinada, pulverizada y triturada en pequeñas partes, la apartarás.

Es necesario que tengas una buena cantidad de ella, porque contiene mucha materia, pero poco Espíritu. Pues es de esta única materia de la que extraemos todo lo necesario para conducir la Obra por una Vía lineal.

Cierto Filósofo describe perfectamente esta operación en los siguientes términos: tras desencadenarse las Aguas del Diluvio Universal, el Arca fue hallada sobre el Monte de Armenia. Dijo: *En esta Montaña encontraréis una Tierra lodosa[68] de la que saldrá un Arroyo de admirable virtud.*

Y añadió: si no me comprendéis, no sois Filósofos, ni lo seréis jamás. **//57** Este Filósofo tiene razón al hablar así, porque a esta operación debe precederle un Diluvio de Agua, después del cual el Arca descansa sobre la Montaña, que es nuestra Materia y nuestro Sujeto, y esta Montaña debe ser penetrada y atravesada para hacer salir esta corriente de Agua de una virtud incomparable. Es de esta Agua de donde salen nuestras Luminarias, como verás a continuación.

Fue después del Diluvio de Agua que el Arca se posó sobre esta Montaña de Armenia; de la misma manera, después de las frecuentes y repetidas abluciones de nuestra Tierra es que obtenemos de ella la grasa y la untuosidad propia de la materia Próxima a la Piedra, Piedra que golpearemos como lo fue la Roca con la Vara de Aarón, para hacer brotar esa Agua Viva y limpia para la salud de los espíritus y de los cuerpos, aunque aún sea impura. Su simple uso **//58** cura

---

[67] Todo este capítulo habla de la Primera Obra y de cómo realizarla.
[68] En el texto original, toda esta frase en itálica se encuentra subrayada.

multitud de dolencias, como se ha podido experimentar[69].

Y si dejáis correr suavemente el Agua que cubre este Monte, veréis con vuestros ojos el Arca del Señor (es decir, que el Sol y el Oro en su Ser Primordial, brillarán de manera visible a vuestros ojos) y la señal de la paz, es decir, el Arco Iris, relumbrará con todos sus colores.

Pero no piensen que estas Lociones y Abluciones han de hacerse con el agua común de fuentes y ríos. El Agua que utilizamos tiene muchas otras cualidades. Es un Agua que contiene todas las virtudes del Cielo y [70]de la Tierra, por eso es el Disolvente Universal de toda la Naturaleza, que derriba las barreras y abre todas las puertas de Nuestro Gabinete Hermético y Real, donde están encerrados nuestro Rey y nuestra Reina, por lo que ella es su Baño, y se lavan en ella //59.

Es la Fuente de El Trevisano donde el Rey se despoja de su capa purpurea para ataviarse con un hábito negro que le cede a Saturno.

Lo que expresa este Filósofo es admirable. Nos describe por el nacimiento del Cuervo aquel color tan necesario en la Obra y tan deseable.

Es verdad que esta Agua es difícil de conseguir, y esto es lo que le hizo decir al Cosmopolita en su enigma que era rara en la isla; pero él os dice el tiempo de cosecharla por esta figura: dice que los prados de esa isla están adornados con mil flores y que en esos prados hay ovejas y bueyes custodiados por dos jóvenes pastores. Quiere indicarnos con este enigma que es necesario hervir esta Agua en Primavera, cuando el sol recorre los tres signos Aries, Tauro y Géminis. Las ovejas marcan el signo de Aries, los bueyes el signo del Toro; y los dos //60 pastores, el signo de los Gemelos, que se representan como dos niños pequeños, sus pies adornados con mil flores señalan la calidad de esta Agua, que contiene innumerables virtudes.

Dicho Autor nos la retrata de un modo más particular con estas palabras:

No es como el agua que sale de las nubes, pero tiene toda la apariencia de ella; él nos la describe bajo los nombres de Acero e Imán. Pues es verdaderamente

---

[69] Aún si el autor no hubiese logrado terminar la Obra, lo cual no puede afirmarse positivamente, aquí atestigua que sí encontró el Agua Mercurial.

[70] Aquí comienza una larga cita que Fulcanelli hace de este autor en el Capítulo IV, *Amiens, El Misterio de las Catedrales.*

un Imán que atrae hacia sí todas las influencias del Cielo, del Sol, de la Luna y de las Estrellas, para comunicarlas a la Tierra; dice que este Acero se encuentra en Aries, que aún marca el comienzo de la Primavera, cuando el Sol recorre el signo del Carnero. Sólo se puede obtener esta Agua por medio de nuestra Tierra, que la atrae hacia sí de la misma manera que el agua del árbol, de la planta, es atraída por sus raíces; por eso **//61** necesitan frecuentes Riegos; de la misma manera solo podemos obtener esta Agua con frecuentes y repetidos Riegos, por los cuales la Tierra estando toda llena de Agua, la absorbe como si fuera una Loción, así que la lavamos varias veces y esta Loción le cede toda la virtud al Agua, no la primera vez sino la séptima, pues hemos dicho que nuestro Gabinete tiene Siete Puertas que simbolizan estas Siete Lociones. Porque el Rey y la Reina no salen de allí más que por ese medio.

Capítulo II. De la separación de los Elementos

Es imposible hacer una verdadera separación de los Elementos en nuestra Obra sin que sea precedida por la Putrefacción; es por medio de esta operación que la Naturaleza se deshace de todas sus impurezas, porque hay en nuestros Principios, dice Filaleteo, mucha superfluidad de **//62** diferente naturaleza que nunca puede llegar a ser lo suficientemente pura. Arnau dice, - cap. VI - que nuestra Piedra se divide en cuatro Elementos, de modo que se hace más sutil, y se purifica mejor separándola de sus excrementos, uniéndola después más sólidamente.

Porque cualquier cosa que haya o no haya nacido, debe haberse podrido antes, como un grano de trigo que debe ser arrojado a la tierra, donde se pudre antes de tomar otra forma.

Este es el orden establecido en la Naturaleza.

Es ese Fuego de Abono tan necesario para la producción de los frutos de la Tierra, es el Eje de D'Espagnet que hace girar la Rueda de la Naturaleza, es ese Fuego que debe introducirse en la Matriz y que realiza todas las maravillas que se advierten en nuestra Obra, de las que hablé, y ese Primer Agente de Flamel que Pontano describe de modo admirable al decir que es acuoso, aéreo, ígneo y terrestre[71] **//63** y que es comparable a los tres humores de nuestro Cuerpo diciendo que es flemático, colérico y melancólico. Lo mismo hace El Trevisano, quien dice que es vaporoso, circulante, digestivo, no ardiente.

Todo esto nos muestra este Fuego de Putrefacción, que participa de las Cuatro Cualidades: Frío, Caliente, Seco y Húmedo; también dice que participa del Azufre y que es Azogue. Es por medio de este Fuego que no proviene de la Materia, sino que es tomado de otro lado y que completará toda la Obra sin la intervención de las manos del Artista pues pudre, corrompe, engendra y perfecciona lo que es impuro e imperfecto, hace aparecer los colores principales

---

[71] *La Piedra de los Filósofos es única y es una, pero oculta y envuelta en la multiplicidad de nombres distintos, y antes de que puedas conocerla pasarás muchas fatigas; difícilmente la encontrarás por tu propio ingenio. Es acuosa, aérea, ígnea, terrestre, flemática, colérica, sanguínea y melancólica. Es un azufre y también Plata viva.* (Pontano)

de la Obra que son el Negro, el Blanco y el Rojo. Cambia, cuece y digiere la materia cruda por medio de la cual se multiplica la Piedra. Esta es la **//64** Clave de los Filósofos que ellos nunca enseñaron. Esta Obra se realiza, pues, en poco tiempo por medio de este Fuego y sin la ayuda del Artista, porque se pudre, se corrompe y se perfecciona por sí misma, como ya expliqué anteriormente; y además hace aparecer los tres colores que son el Negro, el Blanco y el Rojo, y por medio de nuestro Fuego la Medicina se cuece, se digiere, cambia y se multiplica, añadiéndole la materia cruda en cantidad y calidad. Él es el Primer Agente, y el adecuado. Este Fuego se encuentra en el estiércol. Es por él que este da fecundidad a la tierra corrompiendo y pudriendo las semillas. Y es por eso por lo que se le llama Fuego de Estiércol.

Flamel esbozó una imagen muy exacta de este en las figuras de Abraham el Judío que publicó en la Biblioteque Chymique[72], donde encontramos un viejo **//65** Roble Hueco, del que nace una Fuente con cuya Agua un jardinero riega las plantas y flores de un parterre. El Viejo Roble, que es hueco, representa el barril, hecho de madera de roble, dentro del cual debe corromperse el Agua que en él se guarda para regar las plantas, Agua que es mucho mejor que la cruda.

Los Filósofos tienen muchos otros fuegos que explicaré en su lugar.

El secreto de esta operación es conocer el tiempo prefijado para la Putrefacción, pues debéis tener mucho cuidado de que no pase a una putrefacción leprosa y vermicular, ya que, de ser así, toda la Obra quedaría destruida.

Si la Materia no está corrompida y mortificada de este modo, no podréis extraer nuestros Elementos y Principios, y para ayudaros en esta dificultad, os daré algunas indicaciones para que puedan reconocerla[73] **//66**.

Varios filósofos lo han así señalado. Morien dice que hay que notar en él cierta acidez y debe tener algún olor a sepulcro.

Filalethes dice que debe parecerse a los ojos de un pez[74]. Es decir, como pequeñas burbujas sobre la superficie, y a veces parece que [genera] espuma porque es señal de que la materia fermenta y hierve. Esta Fermentación es muy

---

[72] *Bibliothèque des Philosophes Chimiques*. Guillaume Salmon, 1672 y 1678.

[73] Este párrafo, que es la primera de las tres citas que Fulcanelli hace de este Tratado, se encuentra en *El Misterio de las Catedrales* en el Capítulo *París, III*.

[74] *La Entrada abierta al Palacio Cerrado del Rey*, Capítulo XXVII, *Del Régimen de la Luna*.

larga y requiere de una gran paciencia, porque se hace por nuestro Fuego Secreto, que es el único Agente, como dice el Autor de la Guerra de los Caballeros, que puede abrir, sublimar, podrir. Y este Fuego, añade, es un Agua Celeste que opera en la Solución, la Animación y la Purificación de la Piedra.

Ahora bien, esta es la ocasión de descubrir uno de los grandes misterios de este Arte que los Filósofos han ocultado, un Vaso sin el cual **//67** no se podría hacer esta Putrefacción y Purificación de nuestros Elementos de la misma manera que no se podría hacer el vino sin que haya sido hervido en el tonel.

Dicho esto, al igual que el barril está hecho de madera de roble, el Vaso debe ser de madera de roble viejo torneado en redondo por dentro como un medio globo, cuyos bordes sean muy gruesos y cuadrados; en su defecto, un barril, y otro parecido para cubrirlo. Prácticamente todos los Filósofos han hablado de este Vaso absolutamente necesario para esta operación.

El Trevisano dice que cerca de la Fuente que debe ser el Baño del Rey, Ella estaba al pie de un Roble.

Filaleteo describió esto en la fábula de la Serpiente Pitón, que Cadmo atravesó de lado a lado contra un Roble Hueco[75].

Flamel relata la misma fábula basada en este Sujeto y dice que hay que tener cuidado con la palabra **//68** "roble".

"Nuestro Roble", lo llama Abraham el Judío, quien nos muestra el hecho con la mayor precisión a través de la figura[76] publicada por Flamel en la Biblioteque Chymique. Veréis allí un Viejo Roble del que mana un Agua con la que el jardinero riega las plantas del parterre que sale del tronco de un Viejo Roble[77]; hay dos flores y unas Rosas por encima, una blanca y otra roja, que muestran que es nuestra Agua la que contiene lo Blanco y lo Rojo, el Sol y la Luna, lo que indica que es de estas dos sustancias que hacemos nuestro Vino contenido en el Barril.

---

[75] *La Entrada abierta al Palacio Cerrado del Rey*, Capítulo II. *De los principios que componen el Mercurio de los Sabios.*

[76] Nicolás Flamel, *Libro de las figuras jeroglíficas*, Fig III.

[77] Esta repetición: *"Viejo Roble"* aparece así en el original.

Hay una figura en el libro de Las Doce Llaves[78], que representa esta misma operación y el Vaso en la que debe realizarse. Es un tonel del que sale una gran humareda que representa la fermentación y la ebullición de esta Agua, que llega hasta una ventana desde la que[79] **//69** se divisan el Sol y la Luna en el Cielo, indicándonos el origen de esta Agua y de sus virtudes. Es nuestro Vinagre Mercurial que desciende del Cielo a la Tierra y asciende de la Tierra al Cielo.

---

[78] *Las doce llaves de la Filosofía*, de Basilio Valentín.
[79] Nota al margen del autor: v.p. 29

De la Extracción de las dos Luminarias, el Oro y el Mercurio

Primero debéis destilar este Vinagre, que no sirve para mucho por así decirlo. Lo ponéis en un alambique de vidrio adaptado, con su cucúrbita y su recipiente. Destiladlo primero a Fuego lento, y cuando no destile nada más, volved a poner en las heces el Agua que se había destilado en el recipiente, entonces empezad de nuevo la Destilación, si al mismo Fuego no destila nada más, lo aumentaréis un poco, y continuaréis en este mismo grado, hasta que no suba nada más a la cima //70 del alambique. Entonces volved a poner lo destilado en el alambique y empezad de nuevo la Destilación, haciendo lo mismo que dije arriba, a saber, aumentar el Fuego a discreción, en proporción a la fuerza con la que queráis que suba el Agua.

Haréis la primera al Baño de María, la segunda con Fuego de Ceniza, y la tercera con Fuego de Arena y cuando ya no suba más por el Fuego de Arena, dejaréis enfriar la vasija y habiendo vertido el Agua que se halla en la cucúrbita por inclinación, tomaréis los excrementos que están en el fondo, calcinándolos hasta la blancura; entonces pondréis el Agua aparte, y la destilaréis en una pequeña retorta. Esta Agua es el Espíritu Blanco y Lunar con el que se extrae el Espíritu Rojo de la Tierra Blanca. Para entonces ella se teñirá de rojo en la Digestión, o amarillo limón al Baño de María (porque esta Tierra Blanca contiene el Espíritu Rojo y la Sal). Cuando ella adquiera este color, habréis de verter por inclinación el agua que //71 pondréis aparte. Luego, añadiréis nuevamente Agua destilada después de haber calcinado y reverberado la Tierra, volviendo a poner Vinagre destilado sobre la Materia que está en la retorta, hasta que ya no tiña. Luego, llevadla a la retorta. Primero pasará un Espíritu Blanco, luego un Espíritu Rojo que se teñirá por Cohobaciones repetidas con el susodicho Vinagre destilado y cuando el Vinagre ya no tenga ninguna coloración (después de haberle dado el Fuego de Arena), esta operación os dará el Mercurio Rojo y el Mercurio Citrino[80]. Tomaréis lo que queda en el fondo de la retorta, para luego

---

[80] Parece ser un error del autor que probablemente quiso decir Mercurio Blanco. El citrino es un color amarillo, y lo ha mencionado ya al final de //71 cuando dice que se obtiene en el baño de María.

ponerlo en el horno de baja reverberación durante 24 horas, y cuando esté bien reverberada, bien blanca y perfectamente triturada, pondréis esta Materia en un vasito de vidrio, vertiendo sobre ella cuatro dedos de Vinagre destilado. Luego, habiendo tapado el recipiente, lo dejaréis al Baño de María durante ocho días, al final de los cuales, verteréis **//72** el Vinagre por inclinación, con cuidado de no remover el fondo.

A continuación, se le echa de nuevo el Vinagre y se hace lo mismo que la primera vez, vertiendo dicho Vinagre por inclinación, y desechando las heces inútiles.

Luego evaporaréis el Vinagre a fuego lento y encontraréis en el fondo del Vaso una Sal que tiene virtudes admirables; si aún quisierais hacerla más perfecta, repetiréis la misma operación de antes, y vuestra Sal será blanca como el cristal.

Esta Sal es el Cuerpo de la Luna, que sirve para la Obra en Blanco y para la composición del Mercurio de los Filósofos, como se dice en el capítulo II.

Verteréis en un pequeño matraz esta preciosa Sal que se disolverá echando sobre ella el Espíritu Blanco destilado por la retorta, poniéndolo al Baño de María durante ocho días, para verter luego el conjunto por inclinación**//73**, rechazando las heces.

Obtendréis así el Mercurio de la Luna y el Espíritu Blanco.

Es la Diana y la Hembra que todavía es virgen, no habiendo sufrido aún el abrazo del Macho, la Luna Viva.

Uniréis el Mercurio Blanco y el Mercurio rojo, dos partes de Mercurio Blanco por una parte de Mercurio Rojo. Este Licor así mezclado se llama primer Elixir, del cual se obtienen las Luminarias, de la manera que se verá más adelante. Estas no son más que los Espíritus, y los que siguen a los Espíritus son los Cuerpos.

Entre los Autores que han hablado de esta operación se halla, primeramente, Penot[81], quien, en sus comentarios sobre la preparación de su marcasita, en un escrito redactado en latín, advierte que es preciso no tomar al pie de la letra lo que allí se dice, porque es necesario meditar a fondo lo que dicen los Filósofos

---

[81] Probablemente Bernardus Georgius Penotus (1520 -1618)

en sus libros, y no entenderlo **//74** de forma literal, sin captar su sentido.

Por lo que es preciso que cada uno se aplique a descubrir lo que los Filósofos quieren decir, interpretando el sentido de las palabras y no las palabras en sí mismas. Hace falta, pues, estudiarlos bien, profundizar en sus enseñanzas y meditarlas, de tal forma que se pueda llegar a comprenderlas. Es la única manera de alcanzar su Ciencia.

Encontraréis muchas de estas operaciones en Isaac el Holandés[82], si sabéis discernir los falsos procedimientos que él mezcla en su extracción de miel y azúcar, y su pequeña hierba de rosa solar; si sois capaces de tomar, como la abeja, la verdadera Miel y el verdadero Rocío y entender lo que se quiere decir con las palabras Miel, Hierba Solar y Azúcar, lo que no reviste poca dificultad, y si podéis, en fin, distinguir las verdaderas operaciones de las falsas, con todos esos vasos inútiles de los cuales los **//75** Sabios dicen servirse, con el fin de ocultar sus operaciones a los falsos filósofos y a los químicos vulgares, porque los Autores que hablan más claramente son aquellos de los que debéis cuidaros de no seguir al pie de la letra.

Es, sin embargo, él, de todos los Filósofos, quien se adentra más en la práctica de las operaciones.

 Arnau de Vilanova es otro Filósofo que escribe de esta manera. Parece decir de forma literal las operaciones [del proceso] de Geber, Raimundo Lulio y Ripley, que habrían seguido casi el mismo método. Hay que leer a los Filósofos con un grano de sal.[83]

Basilio Valentín es aún más prolijo en sus Doce Llaves, lo que dificulta mucho las cosas, al principio. Vale más limitarse a leer a los que siguen describiendo toda la Obra en pocas palabras y tratar de aprender los Principios de esta Gran Obra antes de ponerse a trabajar, a fin de tener **//76** una idea clara de las reglas que

---

[82] Fue un alquimista flamenco de los siglos XVI y XVII. Publicó varios escritos, algunos de los cuales se atribuyen a otro Isaac Hollandus, probablemente su padre. Los tratados de ambos autores no fueron impresos hasta el siglo XVII.

[83] Es probable que de aquí tomara Fulcanelli esta expresión, al referirse a Sabine Stuart de Chevalier. Aunque Fulcanelli solo lo cita cuatro veces, indudablemente nuestro Filósofo anónimo ejerció una profunda influencia en el autor del siglo XX, que se hace notar en otras partes de sus dos extensas obras.

los rigen, que nos permitan discernir qué hay de verdadero y qué hay de falso en lo que dicen los Filósofos.

Es para ayudaros en esta práctica que os he dado primero los Principios que deben serviros de guía para sacaros de este Laberinto, y las luces que os esclarezcan para que no os perdáis en este tenebroso bosque y podáis salir de la oscuridad. De esto quiero hablaros antes de pasar a las otras operaciones. Filaleteo dice que estas operaciones son los trabajos de Hércules, y que es preferible emprender las otras siendo mucho más fáciles, pues la Naturaleza tiene más que ver con ellas que el Arte.

Porque, - observa, - es eso lo que le hizo decir al célebre Autor de El Secreto Hermético[84] que esta Obra es un trabajo de Hércules, debido a que hay en nuestros Principios mucha superfluidad heterogénea, a saber, de distinta Naturaleza que no podrá jamás volverse lo bastante **//77** pura como para ser útil en nuestra Obra y que es absolutamente necesario armarse antes de poder extraer la Sangre Menstrual de nuestra Prostituta; es decir de nuestro Mercurio. Una mujer puede hacer esta Obra, a condición de que haga de ella su Obra principal. Pero una vez que tengamos el Mercurio de los Filósofos completamente listo, entonces habremos encontrado el reposo.

Él dice que se puede encontrar nuestra Materia y nuestro Oro Filosófico en otra parte: en una materia impura e imperfecta, en cuestión de una semana; este es nuestro camino, que es fácil pero raro. Dios lo ha reservado a los pobres y a las buenas personas que se encuentran en la necesidad. Esta es la Vía que estamos describiendo; la otra, más difícil, es la Mineral.

Las dos Vías son verdaderas, porque solo hay una forma de obrar al final, por mucho que sean diferentes al principio, pues nuestro Sol no es el oro vulgar, y, sin embargo, está en el oro vulgar, pero esta **//78** vía en la que buscarlo es la más larga de operar y aun así, no es más poderosa ni excelente que la que la Naturaleza nos dejó como puesta en bandeja, porque, haciendo girar la Rueda

---

[84] Probablemente se trate del *Traité du Secret de l'Art Philosophique ou l'Arche ouverte autrement dit La Cassette du Petit Paysan*, Anonime, 1617.

por tercera vez, encontraréis lo mismo en ambas... con la diferencia de que esta se hace en siete meses, y es la más fácil, y la otra en año y medio, y es la Piedra Mineral.

Sabed, pues, que sólo existe esta dificultad en la lectura de los escritos de los Filósofos más sinceros; y es que todos ellos traen a engaño acerca del auténtico régimen y cuando hablan de una Obra, la mezclan con el régimen y la práctica de la otra[85].

Capítulo III. De la extracción de los Cuerpos de las dos Luminarias Sol y Luna.

Nada hay tan oculto en los Filósofos como esta operación a la que siguen otras varias y de la que han hablado tan poco//79. De ella depende la perfección de nuestro Mercurio. Los más sinceros, como Artefio, El Trevisano y Flamel, han pasado por alto estas operaciones. Algunos las han dado por conocidas, y otros si hablaron de ellas; pero lo han hecho de una forma tan confusa, que sin una inspiración del Cielo o sin la ayuda de un amigo, es imposible salir de ese Laberinto.

---

[85] *«Has de saber, pues, que esta es la única dificultad que existe en los libros de los hombres más sinceros: que todos dan variantes a propósito de un solo régimen, y cuando hablan de una operación, enseñan el régimen de otra."* Capítulo XIX, sección 13 de *La Entrada Abierta al Palacio Cerrado del Rey.*

Estas operaciones consisten en la separación y purificación de nuestro Mercurio realizadas por una perfecta Disolución, Glorificación y Purificación del Cuerpo del que procede y por la unión del Alma con el Cuerpo del Sol puro, es decir de la Luna con el Cuerpo del Sol, cuyo Espíritu es el único lazo que hace efectiva esta Conjunción.

Este es el objeto de estas operaciones destinadas a la generación de una nueva Sustancia más noble que la primera, de la que está hecho el Mercurio de los Filósofos[86].

Todo el secreto de estas operaciones consiste**//80** en separar el Cuerpo de la Luna del Cuerpo del Sol contenido en la Tintura Roja que hemos llamado Espíritu Rojo[87] en el capítulo anterior, donde os hemos enseñado los medios para obtenerlo.

Poned este Espíritu Rojo, o Tintura Roja en un Vaso plano cuyo fondo sea lo bastante ancho como para que lo cubráis con una especie de tapa de vidrio que lo cierre de forma exacta, y habiendo sellado las juntas con un engrudo adecuado a este Vaso, añadidle el doble de Espíritu Blanco del que pusisteis primero al Baño de María durante ocho días, como aconseja Arnau de Vilanova en su Rosario, porque, dice: en esta Destilación, sólo hay partículas de Agua que se penetran y se tornan sutiles, lo que ocurre casi sin la acción del calor. Y son las partes más sutiles de la materia que se reducen en la Naturaleza como el agua simple en el Vaso**//81**. Y con respecto a la Tierra, que contiene el Fuego y el Aire, ya que se hallan unidos a unas partes más groseras, se precisa de un Fuego de Cenizas (El Rosario, capítulo VII). Esta Destilación se hace sin alambique y en el mismo recipiente: la separación se hace entre la Tierra y el Agua, sin que el Artista ponga allí sus manos. Una vez pasados los ocho días, cuando veáis que el rojo comience a oscurecerse, cambiaréis el Fuego y pondréis un Fuego de Ceniza, y, sin dejar enfriar vuestra Materia, abriréis vuestro Vaso de vez en cuando, hasta que al fin veáis una Ceniza Negra como Tierra Sutil flotando sobre la superficie del Agua; la recogeréis del mismo modo que se saca la crema de la leche. Esta es la comparación que da Filaleteo, cuando dice que nuestro Sol coagula como la flor y nata de la leche, y este **//82** Azufre

---

[86] En el original, los renglones de este párrafo se hallan unidos por una barra vertical en el margen izquierdo del texto desde «Estas operaciones consisten en la separación...» hasta «...Mercurio de los Filósofos»

[87] Nota al margen del autor: v.p. 74

debe flotar sobre las Aguas a la manera de una tierra o ceniza sutil. Esta Tierra Sutil es el Azufre Fijo y el Cuerpo Muerto que es necesario animar, dándole su Alma que se encierra en su sepulcro, representado por su negrura.

Aristeo[88], Filósofo muy Sabio, describe admirablemente esta operación en su tercer enigma, en estos términos:

Es una raíz que se conserva con su jugo verde lleno de fuerza y de su propia humedad, y conveniente a la naturaleza solar; después de eso uno la pone en el Vaso donde se purifica, hasta que aparezca su Espíritu o su Raíz Salina por la loción líquida y tiñente que hay que tomar en su totalidad; con el Cuerpo sin las heces y las partes groseras que quedan en el tinte rojo que se saca de esta raíz, nos enseña la primera Tintura que aún necesita ser rectificada y clarificada, y de esta última que es nuestro Espíritu, //83 hay que separar las heces, y esta separación se hace exponiendo esta Tintura al Sol, o a un Fuego semejante al del Sol. Luego, añade que hay contenida en este Cuerpo y Tierra Negra, una Sustancia Pura y fusible que sólo puede obtenerse con mucho trabajo e industria[89].

Arnau de Vilanova, en el cap. IV describe esta operación en los siguientes términos: por eso esta Tierra Negra es el Cuerpo de la Materia que se disuelve. Tómalo todo y ponlo en Digestión en un calor templado, para que se pudra y digiera más fácilmente durante un mes filosófico, es decir, treinta días, y cuécelo a Fuego suave de modo que el todo se evapore y se vuelva sutil, y, - añade - para que el calor actúe sobre la primera humedad causando la negrura, la cual negrura es la Cabeza del Cuervo.

Sin embargo, el principio de nuestra Obra es disolver nuestra piedra en Agua Mercurial[90]. //84

Ahora bien, sólo se puede tener esta Agua Mercurial que llamamos Luna, por la separación de esta Tierra Negra; Por lo tanto, esta Tierra Negra es el Cuerpo del

---

[88] *Lettre d'un philosophe, sur le secret du grand oeuvre. Ecrite au sujet des instructions qu'Aristée a laissée à son fils, touchant le magistère philosophique* , Paris, 1688.

[89] Como se ha dicho ya en repetidas ocasiones este autor habla de procesos cuya descripción o explicación usualmente no se encuentran en otros tratados clásicos agrupando en un solo texto una descripción completa de toda la Obra.
[90] Véase el Capítulo I, secciones III y IV de *La Entrada Abierta al Palacio Cerrado del Rey.*

Sol y el Agua es el Cuerpo de la Luna. Debes separar esta Agua y esta Tierra Negra, que deben unirse después, como enseñaremos en el próximo capítulo[91], dice El Triunfo Hermético[92], página 110. Habréis notado que, en las principales operaciones del Arte, son siempre dos cosas las que producen una, que, de estas dos cosas, una toma el lugar del Macho y la otra de la Hembra, y que estas dos cosas son de la misma Naturaleza y especie; de modo que la Solución del Cuerpo en su propia Sangre es la Solución del Espíritu. Una es el Cuerpo y la otra el Espíritu, o el Macho y su Hembra. El Cuerpo y el Espíritu no son otra cosa que el Cuerpo y la Sangre, y que estas dos cosas son de la misma naturaleza y de una especie, de suerte que la disolución del Cuerpo en su propia Sangre es la Solución del Macho por[93] la Hembra como diremos más adelante; estas palabras están tomadas del **//85** Autor de La Guerra de los Caballeros. Es esto lo que quería indicaros porque conviene precisamente a estas operaciones. Debéis saber también, como dice El Triunfo Hermético, página 109, que la intención general de nuestro Arte es purificar de manera exacta, y tornar sutil una materia que es en sí misma inmunda y grosera, y que para lograr este fin se requieren varias operaciones que no son propiamente más que una y la misma operación, continuada sucesivamente.

En esta operación, esto no es propiamente una separación sino más bien una conversión, como lo dice El Triunfo Hermético.

Esta operación está también señalada con precisión en el pequeño tratado de Aristóteles que se encuentra en El Arte Aurífero[94], en estos términos, que él dice haber tomado de Avicena: **//86** Cuando veas aparecer la negrura en la superficie del Agua[95], recógela con destreza y podrás estar satisfecho de que tu Piedra se haya disuelto en parte; destílala totalmente pasándola por un lienzo y lo que queda recógelo y reitera lo anterior hasta que el todo se ennegrezca al Fuego del primer grado, caliente y húmedo; y si haces un Fuego más fuerte, la

---

[91] Nota al margen del autor: v.p. 89
[92] Nota al margen del autor: página 11 (El número parece cortado al realizarse la digitalización de la página. Y aunque en la página 11 el autor está hablando también de esta agua mercurial, es imposible saber si la referencia es correcta sin ver el original)
[93] Nota al margen del autor: v.p. 108
[94] Se refiere al tratado de Aristóteles *De Lapide Philosophorum*, encontrado en el compendio *Artis Auriferae, quam chemiam vocant, volumen primum*, Basileae, 1593.
[95] Nota al margen del autor: v.p.81

Negrura se convertirá en Rojez, lo que indica que se está quemando.

Por eso si diriges bien tu fuego según el Arte encontrarás la Cabeza del Cuervo, que es la Negrura.

Asegúrate de que a medida que esto se hace y esta ceniza negra se separa, tengas cuidado de ponerla a un lado, y a continuación, de poner tu Vaso de nuevo al Baño de María y de seguir de esta manera hasta que el rojo ya no se muestre, y el Agua se torne blanca. //87

Después de haber desecado esta Tierra Negra que apartaste por un Fuego lento, la introducirás en una cucúrbita o en un matraz, vertiéndole encima el Agua Blanca o el Agua Lunar antes mencionada, para finalmente poner estas dos sustancias en el Fuego de la Putrefacción durante un mes filosófico como dice Avicena, citado en el pequeño tratado de Aristóteles.

Toma, - dice, - lo disuelto, ponlo en una cucúrbita y siembra sobre ello el polvo negro que acabas de recoger, encierra el todo en el alambique que luego dejarás a Fuego lento durante un mes filosófico para que se corrompa y se pudra aún más.

Capítulo IV.

De la Conversión de los Elementos y la Conjunción de las Dos Luminarias, la Luna y el Sol.

Terminado el tiempo de esta Putrefacción, pondrás su tapa y el //88 recipiente a la cucúrbita, destilarás a Fuego muy lento, no sea que se quemen las Tinturas, lo que haría que el Cuerpo Negro se transformara en Rojo que es señal de que se quema, cosa que debe evitarse cuidadosamente como nos advierte Aristóteles en su pequeño tratado sobre la Piedra de los Filósofos:

Cierra, - dice, - tu Vaso para que no se evapore lo que has puesto en él, por el espacio de ocho meses filosóficos, y hazlo destilar suavemente, teniendo mucho cuidado de no quemar la tintura con un Fuego demasiado alto.

Rasis[96] dice también que el secreto de esta operación consiste en prepararla sutilmente, ya que, si la Tintura se quema, el Artista no debe esperar ningún buen resultado.

Arnau de Vilanova, capítulo VIII, dice lo mismo, y que se vuelva a poner todo en Digestión, por si esto sucede, para comenzar de nuevo las operaciones. **//89**

Os aconsejo que utilicéis para ello el Fuego del Estiércol, es decir, un fuego vaporoso y húmedo.[97]

Para hacer bien esta operación, que consiste en Blanquear este Cuervo, que también se llama Ablución e Inhumación, debéis destilar toda el agua en el ya mencionado Baño de María y encontraréis una Tierra Negra en el fondo de la Cucúrbita y, después de haberla destilado hasta la sequedad, regadla suavemente y empapadla con su Agua destilada. Luego, volvedla a secar.

A continuación, le daréis a beber de nuevo de la misma Agua, poco a poco. Porque si lo hacéis de otro modo y ponéis demasiada Agua, apagaréis el Fuego de dicha Tierra o la disolveréis demasiado deprisa; de modo que le haréis beber tanta Agua como pueda beber.

Ahora bien, mediante el Riego y las Destilaciones repetidas, la Tierra se tornará blanca. Avicena dice que al cabo de la Séptima Destilación será blanca y clara como el cristal, lo que se entiende **//90** por la segunda operación, que le sigue a esta. Pues en aquella, esta sólo es blanca, entonces se saca la Sal Amoniacal o la Sal Nitro del Cosmopolita con el Espíritu Lunar para extraer el Mercurio de los Filósofos, como diremos más adelante, confundiendo las dos operaciones.

Mantened, pues, el Fuego con suavidad, y poned un recipiente para recibir el Agua que sale, porque lo que se destila primero es un Agua flemática que nunca es pura, luego viene el Fuego con el Aire que se mezcla con él, manteniéndolos juntos hasta que los dividáis, y lo que queda en el fondo es la Tierra quemada y seca.

---

[96] Al-Razi, Filósofo persa.

[97] A todos los autores mencionados en esta obra, puede añadirse el propio Filaleteo, quien dedica todo un capítulo a este tema. Léase el capítulo XXI, *De la combustión de las flores y como evitarla*, en *La Entrada abierta al Palacio cerrado del Rey*.

Entonces tendréis los Cuatro Elementos separados en partes, pero que aún no están purificados; el primer Elemento que sale es un Agua pura, fría y húmeda por naturaleza, que debe ser destilada siete veces, y será muy hermosa, clara y blanca como el cristal. **//91** Hay todavía otros Filósofos que mezclan estas dos operaciones como si fueran una.

Arnau de Vilanova confunde también estas dos operaciones; de las dos no hace más que una, cuando la describe en estos términos: que todas las Tierras y heces que proceden de la separación de los Elementos y Principios, es necesario unirlas a la Tierra Negra. También habría que añadir el Agua que ha sido destilada siete veces, dividiéndola a su vez en siete partes, poniéndolas una tras otra sobre la Tierra, porque esta es el Mercurio de los Filósofos.

Si uno no conoce los Principios de nuestra Ciencia[98], es fácil dejarse engañar por la lectura de los libros de estos Filósofos, porque unen a menudo diversas operaciones, que entremezclan con otras falsas, para ocultar su Ciencia a los ignorantes.

El Autor de La Guerra de los Caballeros, nos enseña muy doctamente y **//92** de manera clara en el libro de El Triunfo Hermético, página 132 con estas palabras:

después de que el sabio haya hecho salir de la Piedra una Fuente de Agua viva, que haya exprimido el jugo de la Vid de los Filósofos y haya hecho su Vino (se trata del licor que puso en el hueco del Roble, de donde sacó el Vino), debe asegurarse de que esta Sustancia homogénea que aparece en forma de Agua (es decir, cuando se separa de lo negro) contenga (al menos en potencia) tres Sustancias diferentes y tres Principios Naturales de todos los Cuerpos: la Sal, el Azufre y el Mercurio, que contienen el Espíritu, el Alma y el Cuerpo.

Por eso se dice que nuestra Piedra tiene Espíritu, Cuerpo y Alma; y aunque parezcan puros y perfectamente unidos entre sí, distan mucho de estarlo, porque cuando por **//93** Destilación sacamos el Agua que está mezclada con el Alma y el Espíritu, dejando el Cuerpo en el fondo del Vaso como una Tierra Negra muerta y feculenta, pues como dice Pontano, todo cuanto hay de superfluo, de inmundo y hediondo quedará en el fondo.

---

[98] Todos los verdaderos Filósofos insisten en que es necesario conocer como operar antes de comenzar el trabajo manual. El autor ya mencionó este mismo punto en //34. Filaleteo, en su obra *La Entrada Abierta al Palacio Cerrado del Rey,* da esos principios.

Finalmente, toda la sustancia del compuesto se perfecciona por la acción de nuestro Fuego. Luego, él añade que los hijos de la Ciencia no deben olvidar que el Fuego y el Azufre están ocultos en el centro de la Tierra, de esta Tierra Negra, que debe ser lavada con su Espíritu, es decir, más exactamente con el Cuerpo Lunar que es el Espíritu blanco con su blanqueamiento, para extraer de ella, como añade el mismo Autor, el Bálsamo, la Sal Fija que es la Sangre de nuestra Piedra, de la cual se forma, como enseñaremos más adelante, el Mercurio de los Filósofos y el Disolvente de los Cuerpos perfectos del Sol y de la Luna, tanto para el Blanco como para el Rojo.

Así lo **//94** confirma Arnau de Vilanova[99] en el capítulo VIII: De esta agua que ha sido destilada siete veces pondrás una de sus siete partes en esta Tierra preciosa o esta Sal Fija, porque ella es el Mercurio de los Filósofos y la que hace el Matrimonio, y es el Agua que lava el Latón. Y el Espíritu que haya disuelto el Cuerpo del Sol se usará sólo para el rojo, cuidando de no confundirlos entre ellos. Lo que Arnau de Vilanova nos da a entender en esa misma cita: Se actúa de la misma manera con el Agua Roja que con la Blanca, porque es el mismo método que debe observarse y que surte el mismo efecto, salvo que esta Agua Blanca sirve para hacer lo Blanco, y la Roja para hacer lo Rojo. Así que no mezcléis estas dos Aguas, porque perderéis vuestra Obra y es de esta manera que la salvaréis, observando lo que acabamos de decir. Tendréis, por estas operaciones, la Luna unida **//95** al Cuerpo del Sol formando un solo Cuerpo; esta Tierra es denominada por los Filósofos con varios nombres, como Arsénico, Su Veneno, Su Tierra Foliada, - porque es como una hoja, - de la cual se obtienen la Sal Fija, la Sal Amoniacal y el Mercurio sublimado para hacer el Mercurio de los Filósofos[100]. Os enseñaremos la manera de operar (en la que consiste el gran secreto de este Arte), en el capítulo siguiente.

---

[99] Nota al margen del autor: v.p. 29 y 70.
[100] En un solo párrafo nos da una gran cantidad de información: nos hace ver qué es esa Tierra Foliada tan mencionada por los Filósofos. Nos enseña que la sal fija, la sal amoniacal y el mercurio sublimado que mencionan los Filósofos no son los comunes, sino que son sustancias obtenidas durante el proceso alquímico. Y, por último, nos está diciendo en qué operación se obtienen estos compuestos.

Capítulo V.

Sobre el Mercurio de los Filósofos.

Este es el momento de hablar de esta Agua admirable de la que los Filósofos pregonan tantas virtudes, y a la que llaman por excelencia su Mercurio, del cual han ocultado la composición por un infinito número de términos conocidos sólo por los verdaderos Filósofos, por alegorías, similitudes y por mil nombres prestados, y bajo términos **//96** no sólo equívocos, sino incluso opuestos, lo que parece una contrariedad asombrosa para los que no están iniciados en nuestros Misterios Filosóficos.

Lo que les obliga a conducirse de este modo, es que, una vez que se ha conseguido hallar la forma de hacer esta Agua, el trabajo es mucho más fácil que el de las operaciones precedentes.

Ella tiene todavía algunas impurezas que hay que separar, y debe pasar aún por varios grados antes de llegar a su perfección para hacer el Elixir perfecto.

Esta Agua es la Clave y la obra maestra de la Filosofía Hermética, ya que por ella comienza, se perfecciona y finalmente se completa su Gran Obra[101], a la que llaman Piedra; y el gran Hermes sólo habla de sus propiedades y virtudes que describe **//97** con entusiasmo, sin decir una palabra sobre cómo está hecha y de qué se deriva: "¡Oh feliz forma acuosa, porque disuelve todos los Elementos!" Él vuelve a decir: "¡los Elementos de la Piedra sólo pueden ser disueltos por esta Agua, que es toda pura, por una Digestión y Putrefacción proporcionadas!"

Artefio, Flamel, y El Trevisano [tampoco la mencionan]: no hallaremos casi a

---

[101] Así pues, se ve que todo el secreto consiste en el Mercurio, del cual el Filósofo dice: *"En el Mercurio se encuentra todo lo que buscan los Sabios"*. Filaleteo, *La Entrada Abierta al Palacio Cerrado del Rey*.

nadie que no haya dado por sobreentendida su preparación[102], aunque sea lo más importante. Pues es ésta la que hace la Sublimación de la Piedra y la conversión de los Principios y Elementos, como nos indica el autor de La Guerra de los Caballeros[103]: que hace el Agua de la Tierra, el Aire del Agua y el Fuego del Aire, por cuya vía, nuestro Mercurio puede ser hecho y preparado.

El Triunfo Hermético - página 130 - dice que es en Ella que está contenido **//98** el Fuego Sagrado de los Sabios, que, por consecuencia[104] es el único instrumento que puede operar esta Sublimación.

Yo os he descrito este Fuego, y revelado este poderoso Agente que opera todas las maravillas de este Arte[105], si no lo habéis comprendido, tendréis que rogarle a Dios que os otorgue esclarecimiento.

Porque el conocimiento de este Secreto, dice el Autor de El Triunfo Hermético, es más un Don del Cielo que una luz adquirida por el razonamiento; es por medio de este Fuego que se halla encerrado en esta Agua y en nuestro Mercurio, que aquella disuelve - dice el Autor de El Triunfo Hermético - la Piedra naturalmente y sin violencia, y la resuelve en Agua en el gran Mar de los Sabios por la disolución que se hace de los rayos del Sol y de la Luna que es la Viña de los Sabios, su Agua de Vida rectificada, y su Vinagre muy agrio.

Es, por tanto, la más importante de todas **//99** las operaciones de nuestra práctica y como es el Dédalo donde el discípulo de nuestro Arte permanece infaliblemente sin poder hallar la feliz salida, es por ello por lo que me extenderé

---

[102] *"Los Filósofos herméticos en los escritos que dejaron, hablaron muy poco de la primera materia y del primer mercurio de la naturaleza; se extendieron mucho, aunque con mucha ambigüedad, en la descripción de los grandes principios del arte y sobre las formas progresivas que va tomando la materia en la segunda operación, pero cubrieron con un velo impenetrable el primer agente ostensible, los primeros procedimientos y todo el curso de la primera operación, hasta la perfección de su disolvente universal, que es la línea de demarcación que se encuentra entre la primera y la segunda Obra hermética.*
El Antiguo Testamento, la teología egipcia, griega y la de los druidas casi no hablan, por el contrario, de la segunda operación; pero se extienden tan prolijamente y de un modo tan variado sobre la primera, que, a fuerza de envolverla en parábolas, enigmas y ficciones, han formado un laberinto en el que es casi imposible no perderse." [Fabre du Bosquet, Concordancia Mito-Físico-Cábalo-Hérmetica]
[103] Nota al margen del autor: v.p. 64
[104] Nota al margen del autor: v.p. 29 y 30 y la página 99 cap. 3. también.
[105] Nota al margen del autor: v.p. 67

un poco más que los Filósofos, que hablan tan confusamente de esta Agua, a la que, sin una inspiración del Cielo, no es posible comprender.

Veis por esto, que no hay nada tan raro ni tan precioso como este Licor que han escondido bajo mil nombres diferentes, pues algunos lo llaman su Agua de Vida, Las Aguas, el Agua de Diana, la Gran Lunar, el Agua de Azogue, nuestro Mercurio, nuestro Aceite Combustible que en el frío se congela como el hielo y en el calor se licúa como la mantequilla. Hermes la llama Tierra Foliada o Tierra de Hojas, porque la materia de la cual se deriva es foliada, en una palabra, es la muy clara Fuente **//100** que mencionan el conde de Trevisano y El Triunfo Hermético en la página 144. Ella es, en fin, el gran Alkahest, el que disuelve radicalmente los metales perfectos, es la verdadera Agua Permanente, que después de haberlos disuelto, se une inseparablemente a ellos, y aumenta su peso y color.

Me aseguraré de que vosotros, que sois los verdaderos hijos de la Ciencia, recibáis una gran satisfacción por la aclaración de estos Misterios Ocultos que conciernen a la Separación y a la Purificación de los Principios de nuestro Mercurio, del cual os he explicado en el capítulo precedente la preparación a partir de los Elementos más groseros y de la Materia de la cual y de donde toma su origen. En este capítulo los Elementos son más espirituales y desgajados de la materia; expresaré, pues, de forma ordenada todo aquello que concierne a la Purificación de **//101** esta Agua Divina, observando el mismo orden respecto a todo lo relacionado con ella hasta su completa perfección, y añadiré todo lo que han dicho los Autores más famosos, algunos con la mayor exactitud, otros de forma confusa.

Ahora bien, como la intención de los Sabios es dar al Oro más perfección de la que ha recibido por Naturaleza, y darle la virtud de multiplicarse para convertirlo en su Medicina Universal, sobre este principio es evidente que el oro común no es su Oro[106], puesto que está completo y no puede adquirir una mayor perfección. Esto es lo que dice El Triunfo Hermético en "El diálogo de la Piedra con el oro vulgar": el oro, - dice, - es un metal perfecto que por su perfección no puede ser llevado a un grado superior.

De modo que, sea cual sea la forma en que el Artista pueda trabajar con el oro, aunque sepa extraer su color y su **//102** tintura, nunca hará más oro ni teñirá

---

[106] Capítulo I de *La Entrada Abierta al Palacio Cerrado del Rey.*

mayor cantidad de metal a partir de él. Raimundo Lulio dice que aquello que puede mejorarse, no debe ser perfecto; porque en lo que es perfecto, no hay nada que cambiar y su naturaleza se destruirá mucho antes. Hay, - dice Geber - en las profundidades de nuestro Mercurio, un Azufre que lo cuece y lo digiere. Este Azufre es su Oro Vivo, - que da vida incluso al oro común, que lo hace vegetar y multiplicarse por medio de nuestra Agua, y que forma y realiza nuestra Gran Obra, - que ellos llaman comúnmente la Piedra Filosofal.

Debo hacer notar de paso que el término "Piedra", se toma en varios sentidos diferentes[107] de la Obra, lo que le hace decir a Geber que hay tres Piedras que son las tres Medicinas que responden a los tres Grados de Perfección de la Obra, de modo que //103 la Piedra del primer orden es la Materia de los Filósofos perfectamente purificada y reducida a pura sustancia mercurial.

La Piedra del segundo orden es la misma Materia cocida, digerida y fijada en el Azufre incombustible. La Piedra del tercer orden es esta misma Materia fermentada, multiplicada y llevada a la última perfección de Tintura fija permanente y tiñente.

Para saber lo que los Filósofos entienden por su Oro, es necesario saber que hay tres clases de Oro. El primero es el Oro Astral, que es producido por la luz y los rayos del sol, del cual su cuerpo es el centro; es una sustancia ígnea y una emanación continua de los corpúsculos solares que llenan todo el universo y que están presentes en todas las mixturas.

El segundo es un Oro Elemental y la parte más pura del Azufre Fijo contenido en las profundidades de los Elementos; cada mixtura contiene un //104 grano de este Oro precioso, que se multiplica por aquel Oro Astral del que es el Imán, y con el que forma el Oro de los Filósofos, cuando este Oro ha sido perfectamente calcinado y exaltado, es decir, reducido a una Sal blanca como la nieve, de modo que tiene una gran simpatía con este Oro Astral, del que es visiblemente el Imán.

El tercero es el oro metálico y vulgar, que es un Cuerpo sin Alma, que sólo puede

---

[107] Esta es una de las aclaraciones más importantes que hace el autor. Si se toma en cuenta esto y lo que dice a continuación, en //105 y //106, será más sencillo para el lector atento separar lo falso de lo verdadero en las afirmaciones de los Filósofos.

ser vivificado por nuestro Oro Vivo, o por los medios de nuestro Magisterio.

Del mismo modo, para comprender lo que los Filósofos entienden por su Mercurio, debes saber que hay tres especies. La primera es una sustancia espiritual, aérea, que participa de un poco de Azufre, y es de la naturaleza del Aire que es su vehículo. Por eso, se va con el menor calor, comunica la vida y la fuerza generatriz al mundo sublunar, lleva un Fuego **//105** fermentativo en las semillas; hay un Filósofo que la llama Vulcano Lunático[108]. Por la segunda ellos entienden una substancia homogénea formada por la unión de dos Cuerpos que, destruyéndose el uno al otro, actuando el uno sobre el otro, como el Macho y la Hembra, o como el Cuerpo y el Espíritu, producen una sustancia que tiene todas las disposiciones necesarias para ser procreada por Arte y por Naturaleza, para crecer de perfección en perfección hasta el más alto grado.

La tercera especie es el Mercurio metálico y común, que puede convertirse en el Mercurio de los Filósofos cuando se une al único Mercurio de los metales en forma de esperma crudo y aún no maduro. Pues contiene en sí la virtud de teñir y perfeccionar los metales, porque antes era Oro y Plata en potencia, como dice el Cosmopolita. Se llama **//106** Hermafrodita, porque contiene en su propio vientre su Macho y su Hembra, el cual, cuando es digerido hasta una blancura pura y fija, es Plata, y cuando se le lleva hasta el enrojecimiento, es Oro.

---

[108] Limojon de Saint-Didier. Aparece en el título de *La Antigua Guerra de los Caballeros,* pero probablemente fue agregada por Limojon de Saint-Didier porque no aparece en el texto de esa pequeña obra, pero si en el *Discurso de Eudoxio y de Pirófilo.*

Capítulo VI. De la Separación y Purificación de los Principios de nuestro Mercurio en general.

No dudo de que los verdaderos hijos de la Ciencia reciban una gran satisfacción con el esclarecimiento de estos Misterios Ocultos. Esta Separación y Purificación de los Principios que componen nuestro Mercurio consiste en general en una perfecta Disolución y Sublimación del Cuerpo de la Luna del que se origina, y por la íntima unión del Alma con su Cuerpo, cuyo Espíritu es el único vínculo que hace posible esta Unión y esta Conjunción, **//107** de la cual resulta una substancia mucho más noble que la primera.

Ya os he enseñado las principales operaciones de nuestro Arte Divino; habéis visto que son siempre dos cosas que producen una, que de estas dos cosas[109] una toma el lugar del Macho y la otra el de la Hembra, una es el Cuerpo y la otra es el Espíritu; que ese Macho y esa Hembra no son otra cosa que el Cuerpo y el Espíritu, y según el lenguaje propio de cada Filósofo, el Cuerpo es la Sangre o el Menstruo. También habéis visto que estas dos Cosas son de la misma Naturaleza[110] y extraídas de la misma Raíz, de suerte que la solución del Cuerpo en su propia Sangre es la solución del Cuerpo en su propia Sangre[111]. Es la solución del Cuerpo que es el Cuerpo blanco o la Luna, que los Filósofos llaman Oro Blanco[112].

Es la solución del Macho por la Hembra, o del Cuerpo por su Espíritu, porque el Cuerpo Blanco contiene al Rojo. **//108**

Pero esta solución no tendrá éxito, como lo señala de forma excelente el Autor de El Triunfo Hermético, sin la Conjunción de la Hembra.

Es, - dice él, - en su abrazo recíproco que se funden y se transforman el uno en el otro. En vano habréis, - dice, - abierto y sublimado el Cuerpo de la Piedra, es decir, la Tierra Blanca que es aquella de la que habéis sacado esta Sal preciosa,

---

[109] Nota al margen del autor: v.p. 85
[110] Nota al margen del autor: v.p.81, 82, y siguientes.
[111] Esta repetición: «*la solución del Cuerpo en su propia Sangre es la solución del Cuerpo en su propia Sangre*», aparece en el original.
[112] Principalmente Filaleteo. Véase Capítulo I de *La Entrada Abierta al Palacio Cerrado del Rey*.

si no la hacéis casarse con la Mujer que la Naturaleza le ha destinado; ella es este Espíritu del que el Cuerpo o esta Sal, saca su primer origen. Esta Sal preciosa se disuelve como el hielo al menor calor del Fuego. Pero esta Sal preciosa, que él llama Cuerpo, va cobrando forma por la efusión continua de su propia Sangre, que es su Menstruo Natural, con la que se une tan estrecha e íntimamente que hacen una sola Sustancia. Esta Sustancia es la Materia**//109** Próxima, de la cual se forma el Mercurio de los Filósofos, como diremos en el capítulo siguiente.

Todo el secreto consiste pues, en que, después de haber lavado esta Tierra Muerta y Negra[113] y haber cortado la Cabeza del Cuervo, como hemos enseñado, esta Tierra no debe ser arrojada, porque el Fuego y el Azufre están ocultos en ella, sino que debe ser lavada - dice el Autor de El Triunfo Hermético, - con su Espíritu para extraer el Bálsamo, la Sal Fija que es la Sangre de nuestra Piedra.

Esta operación sólo se realiza después de una Digestión adecuada y por una Destilación lenta, cómo lo confirma Hermes. Es necesario que por medio del Alma Acuosa tengamos la forma Sulfurosa, lo que se consigue con nuestro Vinagre, al mezclarla con el mismo, pues ella se disuelve en el componente, tornándose este muy claro y muy soberano. *//110*

El Cosmopolita ha explicado en pocas palabras el modo de proceder, al decir que, después de haber purgado vuestros Elementos, debéis hacer que el Fuego y el Agua se conviertan en amigos; lo que conseguiréis vertiendo sobre su Tierra el Espíritu que se ha sacado de ella - y el Autor de El Triunfo Hermético añade, página 134, - lo que haréis abrevando la Tierra con su Agua, porque es necesario que el Cuerpo sea disuelto por el Agua y que la Tierra sea penetrada con su Humedad para engendrar nuestro Hijo del Sol que es nuestro Mercurio.

Este Mercurio nace de la unión de estas dos Sustancias, una de las cuales es el Espíritu y la Sal es el Cuerpo[114].

Son lo Volátil y lo Fijo unidos que, sin embargo, son de la misma Naturaleza y parecen ser como Macho y Hembra que se elevan juntos de forma insensible, apareciendo en la parte superior del Vaso con la forma de una Sal cristalina que se funde y se reduce en Agua por sí misma, y, también por esa razón, *//111* es

---

113 Nota al margen del autor: v.p. 44 y 45.
114 Fulcanelli. *Las Moradas Filosofales. El mito alquímico de Adán y Eva*.

diferente de la primera forma líquida, como El Triunfo Hermético observa - página 135, - que el Espíritu del Vino, exactamente rectificado y agudizado con su Sal es diferente del vino del que fue tomado. Hermes afirma que es esta el Agua de la que más necesitamos para nuestra Obra, y que sale de esta Piedra; los Filósofos ocultan esta operación mezclándola con las anteriores. Por eso el Artista sabio debe tener cuidado, y yo mismo me habría equivocado, si no hubiese tenido cuidado. El Autor de El Triunfo Hermético, que es el más claro acerca de estas operaciones, une esta de la que acabamos de hablar, a aquella en la que se extraen el Espíritu Blanco y el Espíritu Rojo[115].

El Triunfo Hermético describe nuevamente esta operación en tales términos: si no blanqueas estas heces feculentas y negras para separar de ellas el Azufre Blanco, la Sal Amoniacal de los Sabios que es su casta Diana que se lava en el Baño. **//112**

Todo este Misterio no estriba más que en la extracción de la Sal Fija en la cual se halla toda la fuerza de nuestro Mercurio, el Agua que sube por la Destilación lleva consigo una parte de esta Sal ígnea, de modo que la infusión del Agua sobre el Cuerpo se repite varias veces impregnando de grasa, fecundando nuestro Mercurio y haciéndolo apto para ser fijado, es decir, que ella produce el Mercurio y el Agua que compone esta Agua Seca. Es a partir de esta Sal que se forma el Mercurio de los Filósofos, cuando se une con el Agua Seca y el Húmedo Radical de los Cuerpos del Sol y de la Luna. Es la Sal Nitro del Cosmopolita, que se reduce en Agua que compone esta Sal Nitro admirable, que, al unirse al Húmedo Radical, forma nuestro Mercurio que es llamado el Agua de Nitro, (*Aqua Salis Nitri deTerra Nostra in qua est Unda Vina*), como enseñan los Filósofos de modo particular en el capítulo siguiente. **//113**

---

[115] Una muestra de que este procedimiento es común en los escritos alquímicos. Fulcanelli es otro que lo utiliza constantemente.

Capítulo VII.

De la composición del gran Disolvente y el Mercurio de los Filósofos.

Puesto que sólo os hablo a vosotros, verdaderos discípulos de Hermes, quiero revelaros un Secreto que nunca encontraréis de forma completa en los escritos de los Filósofos. Algunos se contentan con decir que de su Licor se hacen dos Mercurios, - como lo señala el Triunfo Hermético en la página 141, - uno Blanco y el otro Rojo, de los cuales Flamel pone énfasis en afirmar que es necesario usar el Mercurio Citrino en las Imbibiciones al Rojo, para la consecución del Mercurio Blanco. Según dicen otros Filósofos, el Mercurio Blanco es el Baño de la Luna, y el Mercurio Rojo es el Baño del Sol. El Mercurio Blanco es el Lunar y el Mercurio Rojo es un Vinagre muy agrio, como **//114** dice El Triunfo Hermético.

Esta operación está señalada con precisión por el Autor de El Triunfo Hermético, página 14.

Nutre, - nos dice, - estos dos Mercurios con una carne de su especie, la sangre de los Inocentes degollados, con lo que nos quiere decir que los Espíritus de los Cuerpos son el baño donde el Oro y la Luna van a bañarse.

El Cosmopolita dice lo mismo en otras palabras: nuestro Anciano se tragará el Oro y la Plata y ambos se consumirán después de su muerte. El Anciano, como explica El Triunfo Hermético, es nuestro Mercurio, ya que es la Materia Primera de los metales, el Agua Seca de Geber, y la Humedad Untuosa que es la Materia Próxima de nuestra Piedra, que contiene el Azufre y el Mercurio de los Sabios, tanto el Azufre Blanco que se extrae del Cuerpo de la Luna como el **//115** Azufre que contiene el Cuerpo Rojo, poseedor de todo lo necesario para la Obra y que algunos llaman Mercurio Animado y Doble Mercurio, y otros, Rebis[116], que nunca pierde su Virtud estando cerrado en una botella de cristal muy blanca,

---

[116] Tómese nota y medítese sobre los nombres que el autor da en estos párrafos. No se encontrará esta aclaración en otros libros.

cómo dice El Triunfo *Hermético* en la página 144.

Veis por esto, el mérito de este precioso Licor al que los Filósofos dan mil nombres diferentes. Es el Agua de Vida de los Sabios, el agua de Diana, la Gran Lunaria, es nuestro Mercurio, nuestro Aceite Incombustible que en el frío se congela y se licúa en el calor. Hermes lo llama la Tierra de las Hojas, es la Fuente del conde Trevisano, es el gran Alkahest, dice El Triunfo Hermético, que disuelve radicalmente los metales, es la verdadera Agua permanente que disuelve los Cuerpos perfectos a los que se une de modo inseparable, aumentando su peso y tintura. **//116**

Filaleteo describe esta operación de manera un poco diferente: Nuestro Mercurio Animado, - dice - aunque haya sido purificado, no está todavía coagulado, es Volátil, y no es aún perfecto hasta que no deja heces, ni poso en el Vaso.

De esta Sal Filosófica se dice que es un Sol Indigesto que todavía no está maduro. Es Su Luna Viva, es el verdadero y primer ser del Oro, siendo aún Volátil, y es el Campo en el que se siembra el Sol.

Por eso decían los primeros Filósofos que, por este medio, lo Fijo se hace Volátil, lo duro se hace blando, lo coagulado se disuelve; es por eso por lo que ellos colocaban las dos Cosas juntas, las encerraban en un recipiente de vidrio y las ponían al Fuego, y en otro lugar decían[117]: deben saber que nuestra Piedra pide un verdadero cambio de Naturaleza, lo que no podrá ocurrir si la unión final de las dos Naturalezas, **//117** - a saber, la Fija y la Volátil, - no se consuma, y no puede terminar sino en forma de Agua, porque no hay unión de Cuerpos, sino tan sólo una molienda, ya que sólo los Espíritus pueden unirse entre sí.

Por ello, para la unión de nuestros Mercurios, necesitamos un Agua Metálica homogénea a la cual preparamos el camino mediante la Calcinación que le precede, y que se hace previamente por una Desecación que es, en rigor, una Disolución o Reducción en átomos del Agua con la Tierra, a saber, el Tamiz de la Naturaleza; es decir, los átomos del Agua están más desligados y sutiles de lo que el Agua requiere y es necesario, de modo que la Tierra recibe el poder

---

[117] Toda la cita siguiente está tomada casi literalmente del Capítulo XXI de *La Entrada Abierta al Palacio Cerrado del Rey*.

fermentativo del Agua.

El Triunfo[118] lo afirma aún más positivamente: reduce todo el compuesto a Agua, y haz una perfecta **//118** unión de lo Volátil y lo Fijo.

El Agua que se eleva por Destilación lleva consigo una parte de esta Sal ígnea, de modo que la efusión del Agua sobre el Cuerpo, repetida varias veces, impregne, engrase y fecunde nuestro Mercurio, haciendo que sea apto para ser fijado, que es el objetivo y el fin de la segunda Obra.

En esta operación, aunque ya muy perfecta[119], aún no se ha obtenido su plena y total depuración. Esta es la razón por la cual hay que ponerlo[120] en un matraz proporcionado, de modo que tres cuartos de su volumen queden vacíos y que tenga un cuello de por lo menos ocho pulgadas de altura.

Hecho esto, cerrad el orificio del matraz y ponedlo sobre unas cenizas que excedan al menos el espesor de un dedo; de este modo, haréis circular las materias durante un mes filosófico, para que se unan bien y en la **//119** Conjunción de estas dos sustancias, se producirá un combate, y veréis en este Vaso, subir y bajar humos, nubes y nieblas que proceden del Azufre y de los espumarajos de estos dos Dragones que luchan y mueren el uno contra el otro, hasta que los dos se hacen uno, entonces la calma y la serenidad reinarán en el

---

[118] En el manuscrito original, este párrafo, en lugar de los asteriscos lleva unos trazos semicirculares, que recuerdan pequeñas lunas crecientes y menguantes:

Le Triomphe le dit encore plus posi
tiuement, reduises, dit-il, tout le
composé en eau, et faite une parfaite
union du volatil et du fixe, l'eau qui
s'esleve par distillation emporte auec
elle, une partie de ce sel jgné, de sorte
que l'effusion de l'eau sur le corps
reiterée plusieurs fois, impreigne,
engraisse et foeconde nostre mercure
et le rend propre a estre fixé qui est
le but et le terme du 2.me oeuvre.

[119] Nota al margen del autor: qué se debe hacer después de que el Sol sea disuelto por el Mercurio.
[120] Al Compuesto.

Vaso, y el Mar de los Filósofos quedará muy tranquilo por el cese de los vientos y tempestades que la furia de nuestros dos combatientes había excitado allí, y después de que la Mar haya matado a la Serpiente Pitón que quería devorarla.

Chermeze[121] señala dicha operación en estos términos: Cuando vea que toda la parte tosca del Agua se endurece y que empieza notablemente a evolucionar hasta este estado, entonces me alegraré porque ya estaré seguro de haber encontrado lo que buscaba. **//120**

En este estado, hay que sacar el Agua del matraz sin perturbar el fondo, por inclinación, o sirviéndose de un tamiz de tela, y ponerla en una retorta adecuada para rectificarla por última vez sobre un Fuego de Arena por grados, que, si en algún momento quedaran algunos trozos en la retorta, después de la Destilación, será necesaria la Cohobación, y destilar tantas veces que no quede nada y todo pase al recipiente. Entonces tendréis el Mercurio perfecto del Oro, y haréis lo mismo con el Mercurio perfecto de la Luna.

Este es el fin de la primera Obra, que muchos Autores confunden con la segunda, mezclando las operaciones que conciernen la primera, o saltándose la primera hacen de la segunda su primera, lo que resulta muy confuso para los novicios y principiantes. **//121**

En fin, ahora estaréis convencidos de que, de un Sujeto vil, obtenemos un Licor precioso formado por un Espíritu muy sutil y Volátil y un Aceite muy Fijo que, al estar unidos entre sí, se abrazan para no abandonarse jamás; así el Cuerpo retomando su Espíritu, se vuelve inmortal y glorioso como él.

Los Sabios han expresado estas cosas mediante la figura de una Serpiente que se muerde la cola y con la que han adornado el Caduceo de Mercurio.

Flamel representa el mismo hecho por medio de dos Dragones decorados con figuras jeroglíficas, que quieren darnos a entender que su Mercurio procede de dos Sustancias de la misma Raíz, una de las cuales es fija y la otra volátil, una corpórea y la otra espiritual.

Algunos Filósofos lo llaman la Leche **//122** de la Virgen y el Niño que sacamos del Vientre de su Madre, el Espíritu que sacamos es la Leche o el Hijo de esta Madre Virgen y la Sal o el Aceite Fijo es la Madre de este mismo Hijo; y otros

---

[121] Hermes

dicen que es necesario que el Hijo vuelva al Vientre de su Madre.

Esto nos muestra la unión y el Matrimonio Filosófico de estas dos Sustancias, razón por la cual, después de haber extraído[122] del Espíritu la Sal Fija de la que hemos hablado y de haberlos purificado suficientemente, los unimos, de modo que se hace la conjunción de este Cuerpo con este Espíritu, y se produce el Disolvente Universal y el Mercurio de los Filósofos.

En cuanto a su origen, os señalé al principio de esta obra que procedía del Cielo y de las influencias de los Astros, que era un **//123** Espíritu que descendía imperceptiblemente del Cielo a la Tierra y que era ese Espíritu Universal que se regenera en las entrañas virginales de la Tierra que los Filósofos traen a la luz, y que hacen renacer cual Fénix de sus cenizas. También hemos dicho que deriva toda su Fuerza y Virtud de este Espíritu invisible que el Aire lleva en su Vientre para preñar la Tierra, que es la Hembra, que se une con el Azufre, que es el Macho; y que, de la concurrencia de estas dos Substancias, resulta la Semilla Prolífica, de la cual la Tierra es la Matriz y el Imán, tal y como lo dijo el gran Hermes en su Tabla de Esmeralda, Tabla hallada en su sepulcro después del Diluvio en el valle de Hebrón. El Sol es el Padre, dice, y la Luna la Madre, y es llevado por los Vientos al seno de la Tierra, como entre los brazos maternales de su Nodriza, para ocultarlo a **//124** nuestros ojos hasta que la habilidad del Sabio lo haga aparecer sacándolo con la ayuda del Fuego del Sujeto donde está oculto, como os hemos enseñado.

Es, pues, este mismo Espíritu el que desciende de lo alto del Cielo al Centro de la Tierra, donde comienza a coagularse por la virtud de su Sal Hermafrodita, que es su Imán, al que los Filósofos llaman su Acero, porque atrae continuamente a este Espíritu y lo retiene coagulándolo. Es esta Sal impregnada de la Virtud Celeste que debe extraerse con gran habilidad, como dice Hermes. Se separa sutil y hábilmente la Tierra del Fuego Secreto y con gran espíritu y suavidad, de lo grosero; pero tened cuidado de no sofocar el Fuego de esta Tierra con las aguas del Diluvio. Es este el Rey que baja del Cielo, es el Alma que debe ser devuelta a su Cuerpo y que debe resucitarlo. *//125*

Éstas son sus palabras, esta es el Agua Divina que es el Rey bajado del Cielo, que une el Alma a su Cuerpo y que lo devuelve de nuevo a la Vida, de muerto que estaba. Con esto veis que esta Quintaesencia espiritual e invisible se hace ahora

---

[122] Nota al margen del autor: v.p. 113

visible y corpórea. Es ese Hijo de la Flor de Lis que renace del Vientre de su Madre por Destilación. Es ese Hijo también al que el Artista industrioso sabe sacar del Vientre de su Madre y el que después deja embarazada a su Madre, y por este medio ella engendra Hijos al infinito.

Por eso, los sabios le hacen decir a Mercurio: la Madre que me ha engendrado, por mí ha sido engendrada, y por este Hijo espiritual, ella también está en condiciones de regenerar sin límites a este Hijo y reproducirlo; tenéis entonces todos los Elementos Fijos en estado de reposo, listos para sufrir la Gran Digestión. A falta de esto, muchos, no habiendo logrado esta Paz, quisieron **//126** comenzar una larga Digestión, y los Elementos se les desbarataron, enrareciéndose. Sus Vasos se rompieron y perdieron todo su trabajo, aunque laboraban con la verdadera Materia[123].

Fin de esta Obra. //127

---

[123] Todo este capítulo es como un resumen de todo lo expuesto a lo largo del tratado.

Table de ce qui est contenu dans ce manuscrit qui peut servir d'instruction en abrégé (Tabla de contenidos)

---

[124] Véase nota 3.

---

[125] La paginación 12-11 esta cruzada

Chapitre 5.me.

Des opérations en générale

Capítulo V.

Las operaciones en general.

nécessaire a cette dissolution...	necesaria para esta Disolución	
Cette opération est la clef des 7. portes, la 1.re donne entrée à la 2.me, la 2.me la donne a la 3.me, ainsy jusqu'à la 7.me...	Esta operación es la Llave de las Siete Puertas, la primera da entrada a la segunda, la segunda da entrada a la tercera, y así hasta la séptima	41.
Cette dissolution precede la calcination, qui est la plus essentielle de l'œuvre.........	Esta Disolución antecede a la Calcinación que es lo más esencial de la Obra	41.
La sublimation est une purification du Sujet qui rejette les impuretes maternelle ou le corps se crible et par ce moyen, l'eau devenant plus subtile, elle attire a elle l'ame du soleil...	La Sublimación es una purificación del Sujeto que rechaza las impurezas maternas donde el cuerpo se tamiza, y, por este medio, el Agua se vuelve más sutil, y, finalmente, atrae a sí misma el Alma del Sol.	43.
On a pas besoin de tant de vesseaux, los vesseaux sont les	No necesitamos tantos vasos, los vasos son los Elementos	43.

Description		pages
Voire, par un feu continuel, une rozée monter dans le vesseau et un espece de brouillard qui retombent incessament nuit et jour...	Ver subir, por un Fuego continuo, un Rocío en el Vaso y una especie de Niebla que cae sin cesar noche y día	45.
Le Corps communique sa fixité a l'eau et l'eau communique sa volatilité au corps.......	El Cuerpo comunica su fijeza al Agua y el Agua comunica su volatilidad al Cuerpo	46.
La lotion est de blanchir le Corps noire par reiterée jmbibition de son eau dont il a été tiré pour la 1.re et 2.me œuvre,..........	La Loción es para blanquear el Cuerpo Negro por reiterada Imbibición con el Agua de la que se ha extraído para la primera y segunda Obra.	46.
mais pour la 3.me œuvre, voyes page 62. Les 7. portes, pages 40. et 41. et 44.	pero para la tercera Obra, ver página 62. Las Siete Puertas, páginas 40. y 41. y 44.	
L'union des 2. mercures blanc et rouge qui sont 2. substances pour faire le mercure anime et le mercure	La unión de los dos Mercurios, Blanco y Rojo, que son las dos Sustancias necesarias para hacer el Mercurio Animado y el Mercurio Citrino de la	47.

citrin de la 1.re opération...   primera operación.

Cette opération ce fait encore pour joindre la lune au corps du Soleil, C'est l'union du masle et de la femelle de la dernière œuvre de la 1.re partie.................	Esta operación se hace también para unir la Luna al Cuerpo del Sol, es la unión del Macho y la Hembra de la última Obra de la primera Parte	48.
La putrefaction est la generation des substances lunaire et Solaires d'ou procedent les luminaires. Ce sont les petits Corbeaux qui sortent de leurs nids et qu'il faut empescher qu'ils ny entrent.......	La Putrefacción es la generación de las Sustancias Lunares y Solares de las que proceden las Luminarias. Son los pequeños Cuervos que abandonan su Nido y a los que hay que impedir que vuelvan a entrar en él	48.
C'est le tems qu'il faut bien gouverner le feu et ne pas laisser deseicher la matière tout a fait et empecher que les petits corbeaux ne retournent dans leurs nids qui sont des petits atosmes.....	Este es el momento en que hay que gobernar bien el Fuego, evitar la Desecación de la Materia, e impedir que los pequeños Cuervos vuelvan a sus Nidos, que son pequeños átomos	49.

---

[126] Este parece ser un error del autor al redactar esta tabla, ya que, de hecho, en //53 desaconseja de manera tajante esta clase de textos.

Description		pages
Nature ou le Roy et la Reine se beignent.…	Naturaleza donde están el Rey y la Reina.	
Le tems de ramasser cette eau est au printems, aux 3. signes des Belliers, Toreaux et Jumeaux.….	El momento de recoger esta Agua es en primavera, en los tres signos del Carnero, el Toro y los Gemelos	60.
Cette eau est un ayman qui attire a elle toutes les influences du ciel, du soleil, de la lune et des astrès, pour les communiquer a la terre……	Esta Agua es un Imán que atrae hacia ella todas las influencias del Cielo, del Sol, de la Luna y de las Estrellas, para comunicarlas a la Tierra.	61.
On ne peut avour cette eau que par le moyen de la terre.….	Sólo se puede tener esta Agua por medio de la Tierra.	61.
Cette eau apres plusieurs et reiterées lotions sur la terre, la purifie, et la terre donne toute la vertu a l'eau non pas a la 1.re mais a la 7.me lotion.…	Esta Agua después de varias y repetidas lociones sobre la Tierra, la purifica y la Tierra le da toda su virtud al Agua, no a la primera sino a la Séptima Loción	62.

Description		pages
Ce feu participe des 4. qualites du froid [du chaud, de sec et d'humide], il participe du soufre aussi et il est un argent-vif....	Este Fuego participa de las Cuatro Cualidades del Frío [y del Calor, de lo Seco y Húmedo][127], también participa del Azufre y es un Mercurio	64.
Ce feu qui ne vient pas de la matière achevera tout l'ouvrage et perfectionne ce qui est impur et imparfait, qui fait apparoitre les 3. couleurs, le noire, le blanc et le rouge....	Este Fuego que no proviene de la Materia completará toda la Obra y perfeccionará lo que es impuro e imperfecto, lo que hace aparecer los tres colores, el Negro, el Blanco y el Rojo.	64.
Ce feu se trouve dans le fumier qui corrompt, putrifie les semences et qui donne la fecondité a la terre...	Este Fuego se encuentra en el estiércol que corrompe, pudre las semillas y da fertilidad a la Tierra.	65.
Ce feu est cette eau qui sort de la fontaine qui est dans un chesne creux, ce vieux chesne creux, c'est le vesseau qui doit être de chesne dans lequel il faut corrompre l'eau qu'il	Este Fuego es esa Agua que sale de la Fuente que está en un Roble Hueco, el Viejo Roble Hueco es el Vaso que debe ser de Roble, en el que hay que corromper el Agua que	66.

---

[127] Frase con una línea perdida. Reconstruida del texto principal.

Description		**pages**
reserve….	contiene.	
Il y a d'autres feux. voyes les pages 71. et 94.	Hay otros Fuegos: ver páginas **71. y 94.**	
Le secret de l'opération de ce feu est de scavoir le tems fixe de cette putrefaction…….	El Secreto de la operación de este Fuego es conocer el tiempo fijo de esta Putrefacción.	66.
On ne peut extraire les elemens ny les principes sans que la matière n'ait eté aussi corrompu auparavant…	No se pueden extraer los Elementos ni los Principios, sin que la Materia haya sido corrompida de antemano.	66.
La putrefaction paroit bonne, quand il se trouve dans ce feu aqueux quelque acidité, une odeur de sepulchre……	La Putrefacción parece buena cuando hay una cierta acidez en este Fuego Acuoso, un olor de sepulcro	67.
[Philalette dit qu'il faut que paroisse] sur la superficie de l'eau des petittes bouteilles	[Filaleteo dice que deben aparecer][128] en la superficie del Agua pequeñas burbujas	67.

---

[128] Frase con una línea perdida. Reconstruida del texto principal.

semblables aux yeux de poisson....	parecidas a ojos de pez	
Cette eau qui est le feu secret et l'agent qui bout et se fermente dans la putrefaction...	Esta Agua es el Fuego Secreto y el Agente que hierve y se fermenta en la Putrefacción.	67.
Secret misterieux des pphes caché touchant le vesseau...	Misterioso Secreto de los Filósofos, que mantuvieron oculto en lo tocante al Vaso	68.
faite bien vos remarques sur les articles cy devans et apres	Observen bien los puntos que vienen a continuación	
Le vesseau qui enferme celui de la matière doit être de bois de chesne...	El Vaso que encierra la Materia debe ser de madera de roble.	68.
Le vieux chesne est prit la, pour la matière universelle du quel il sort du tronc, 2. fleurs, l'une blanche, l'autre rouge qui sont les 2. substance des	El Viejo Roble se toma allí, por la Materia Universal que sale de su tronco: dos Flores, una blanca, la otra roja, que son las dos sustancias de las que	69.

Description		pages
La distinction qu'il faut faire et sçvoir connoitre, des vrais opérations et des fausses, et ne pas mêtre une matière pour l'autre....	La diferencia que hay que conocer y saber distinguir, entre las operaciones verdaderas y las falsas, y no utilizar una materia por otra.	75.
L'Auteur conseille de s'attacher plus tot aux pphes qui ont peu escrits et aux regles certaines de principes.	El Autor aconseja apegarse más bien a las sentencias de los Filósofos que han escrito poco, y a las reglas incuestionables de los Principios.	76. et 77.
Cet ouvrage peut être facillement fait par les mains d'une femme..	Esta Obra puede ser realizada fácilmente por las manos de una mujer.	78.
On peut trouver la matiere en une impure et en une semaine. Dieu la reserve pour les pauvres...	La Materia se puede encontrar en lo impuro, y en una semana. Dios la ha reservado para los pobres.	78.
Les 2. voyes sont veritables, neantmoins celle des pauvres est la plus excellente. L'une ce	Las dos Vías son verdaderas, pero la de los pobres es la más excelente. Una se hace en	78.

Chapitre 3.me.

De l'extraction des 2 luminaires Soleil et Lune.

Capítulo III.

De la extracción de los Cuerpos de las dos Luminarias del Sol y de la Luna.

bien dissoudre et purifier la matiere par l'union de l'ame avec le corps, dont l'Esprit est l'unique lien qui opère cette conjonction.....

la adecuada Disolución y Purificación de la Materia por la unión del Alma con el Cuerpo, siendo el Espíritu el único vínculo que opera esta Conjunción.

La séparation du corps de la lune, de celui du Soleil qui est renfermé dans la teinture rouge. en y ajoutant 2. fois autant d'esprit blanc.....

La separación del Cuerpo de la Luna del Cuerpo del Sol contenido en la Tintura Roja, añadiéndole dos veces más de Espíritu Blanco.   81.

La séparation de la terre qui contient le feu et l'air, ce fait en otant l'eau de la terre....

La separación de la Tierra que contiene el Fuego y el Aire; esto se hace quitando el Agua de la Tierra.   82.

Une cendre noire qui est comme une terre subtille qui nage sur la superficie de l'eau, qu'il faut cueillir, qui est comme la creme sur la lait, qui est un soufre fixe, qui est aussi une racine avec son suc remplit de force, que l'on

Una Ceniza Negra que es como una Tierra Sutil que flota en la superficie del Agua, que debe ser recogida, que es como la nata en la leche, que es un Azufre Fijo, que es también una raíz con su jugo lleno de fuerza, que se purifica [y   82.

purifie [et anime, en lui donnant son âme, enfermé dans son noirceur] …	anima, dándole su Alma, encerrada en su negrura][129]	
Il faut encore rectifier et clarifier la 1.re teinture; et de la dernière qui est l'esprit, en séparer las fœces….	Todavía es necesario rectificar y aclarar la primera Tintura; y de la última, que es el Espíritu, separar las heces.	83.
Quand la terre noire sera dissoute, il la faut prendre, pour la faire digerer, putrifier et la cuire jusqu'à ce qu'elle se subtilise….	Cuando la Tierra Negra está disuelta, hay que tomarla, hacerla digerir, podrirla y cocerla hasta que se vuelva sutil	84.
Cette terre ou pierre se dissout dans l'eau mercurialle lunaire que l'on ne peut avoir sans la séparer de la terre noire….	Esta Tierra o Piedra se disuelve en Agua Mercurial Lunar, que no se puede añadir sin separarla de la Tierra Negra	85.
Dans les principales opérations, ce sont toujours 2.	En las operaciones principales[130], son siempre dos	85.

---

[129] Frase con una línea perdida. Reconstruida del texto principal.
[130] Nota al margen del Autor: Los tres principios.

Description		pages
choses qui en produisent une autre et qui de ces 2 choses, l'une tient lieu de masle et l'autre de femelle...	cosas las que producen otra, y de estas dos cosas, una de ellas es el Macho y la otra la Hembra	
Cette opération n'est proprement qu'une séparation....	Esta operación no es, propiamente, más que una separación.	86.
Si l'on pousse trop le feu du 1.r degré chaud, la noirceur se convertira en rouge et sera brulée...	Si el Fuego supera demasiado el primer grado de calor, la negrura se convertirá en rojez y se quemará.	87.
Il faut continuer de mettre apart la cendre noire, jusqu'à ce qu'il ne vienne plus de rouge, qui arrivera quand l'eau deviendra blanche.....	La Ceniza Negra debe apartarse hasta que no salga más Rojo, lo que ocurrirá cuando el Agua se vuelva Blanca	87.
[prenez ce qui dissous, et versez dessus la] poudre noire, pour la faire corrompre et	[Toma lo que disuelve, y viértelo sobre][131] el Polvo Negro, para que se corrompa y	88.

---

[131] Frase con una línea perdida. Reconstruida del texto principal.

Description		pages
putrifier	pudra	

Chapitre 4.me.	**Capítulo IV.**	
De la conversion des élémens et la Conjonction des 2. luminaires, la lune et le Soleil	**De la conversión de los Elementos y la Conjunción de las dos Luminarias, la Luna y el Sol.**	**88.**
Il faut distiller 8 mois durant a petit feu, les teintures qui feroient changer le corps noire en un rouge brulé...	Es necesario destilar, durante ocho meses sobre un pequeño fuego, las Tinturas que cambiarían el Cuerpo Negro en Rojo Oscuro	89.
Maniere de faire distiller cette terre noire avec son eau au B.M. pour la blanchir...	Cómo destilar esta Tierra Negra con su agua, al Baño de Maria para blanquearla	90.
On tire le Sel de la terre qui sera blanc apres la 7.me distillation par la 2.me opération, avec l'esprit lunaire pour extraire le mercure des pphes	Se extrae la Sal de la Tierra, que será blanca después de la Séptima Destilación por la segunda operación, con el Espíritu Lunar para extraer el Mercurio de los Filósofos	91.

Description		pages
Le 1.r element qui sort, est l'eau pure, froide et humide qu'il faut distiller 7. fois…	El primer elemento que sale es Agua pura, fría y húmeda, que es necesario destilar siete veces	91.
Gardes vous bien de ne pas mesler les terres et les fœces, et l'eau de la 1.re opération avec celle de la 2.me….	Hay que tener cuidado en no mezclar las Tierras y las heces, y el Agua de la primera operación con la de la segunda.	92.
Remarques sur l'Auteur du Combats des chevalliers…..	Observaciones sobre el Autor de la Guerra de los Caballeros	93.
La liqueur qui sort du creux du chesne qui est une substance homogene et qui [… parrois sous la forme d'eau lorque qu'elle est separée] du noir, elle contient 3. differentes substances et 3. principes naturels; sel, soufre et mercure….	El licor que sale del Hueco del Roble que es una Sustancia homogénea ɏ que [aparece en forma de agua cuando es separada][132] de lo negro, contiene tres diferentes Sustancias y tres Principios Naturales: Sal, Azufre y	93.

---

[132] Frase con una línea perdida. Reconstruida del texto principal.

Description		pages
Du Mercure des Philosophes)	de los Filósofos[133]	
Cette eau est la clef et le chef de l'œuvre Hermétique, parce qui elle le commence et elle le finit....	Esta Agua es la Llave Maestra de la Obra Hermética porque con ella comienza y termina.	97.
Les pphes ont tous caches la preparation de cette eau...	Todos los Filósofos han ocultado la preparación de esta Agua	98.
Le triomphe Hermétique dit que cette eau est le feu sacreé des sages et l'unique jnstrument pour la sublimation.....	El Triunfo Hermético dice que esta Agua es el Fuego Sagrado de los Sabios y el único instrumento para la Sublimación.	99.
[Je vous ais d'ecrit et je vous ais revelé cette] feu et de l'eau, le chapitre de l'eau est pag 56	[Yo te he descrito y revelado este][134] Fuego y esta Agua. El capítulo sobre el Agua está en la página 56	

---

[133] El título en el texto principal solo dice: «*Capítulo V. Del Mercurio de los Filósofos*»
[134] Frase con una línea perdida. Reconstruida del texto principal.

Chapitre 6.me.

 De la séparation et purification [des principes de notre mercure en général]

Capítulo VI.

De la separación y la purificación [de los Principios de nuestro Mercurio en general] [135]

---

[135] Frase con una línea perdida. Reconstruida del texto principal.

---

[136] Frase con una línea perdida. Reconstruida del texto principal.

morte dans la quelle le feu et le soufre sont caches et qu'il faut laver....	Muerta en la que el Fuego y el Azufre están ocultos y que deben ser lavados	
Tacher d'avoir, par le moyens de l'ame aqueuse, la forme sulphureuse, ce qui ce fait par notre vinaigre....	Tratad de obtener, por medio del Alma Acuosa, la Forma Sulfurosa, lo que se consigue con nuestro Vinagre.	110.
Abreuver la terre de son eau et qu'elle soit penetrée de son humidité pour engendre le mercure....	Riega la Tierra con su Agua y deja penetrar su Humedad para engendrar el Mercurio	111.
Le mercure est formé de l'union de ces 2. substances, dont l'un est l'esprit et le sel est le corps	El Mercurio se forma de la unión de estas dos Sustancias, una de las cuales es el Espíritu, y la Sal es el Cuerpo.	111.
Remarque a faire pour ne pas se (*linea cortada parte superior página*) car les pphes la cachent.	Observación que debe hacerse para no [confundir estas operaciones][137] porque los Filósofos las ocultan	112.

---

[137] Frase con una línea perdida. Reconstruida del texto principal.

Description		pages
Cette pretieuse liqueur est le 1.r être de l'or. Le champ dans lequel le Soleil est semé, que le fixe fut fait volatil, etc....	Este Licor precioso es el primer ser del Oro. El Campo en que se siembra el Sol, que lo Fijo se hizo Volátil, etc.	117.
Il faut donc une eau metallique, homogene, a laquelle on prepare la voye par la calcination qui a [lui precedé et] qui est proprement une reduction en atome par le crible de la nature.	Es necesaria entonces un Agua Metálica, homogénea, a la que se allana la vía por la Calcinación que [le ha precedido y][138] que es propiamente una Reducción a átomos por el tamiz de la Naturaleza.	118.
Ce quil faut faire apres que le soleil a été dissout par le mercure...	Qué debe hacerse después de que el Sol haya sido disuelto por el Mercurio.	119.
Le combat des 2. dragons qui se devorent jusqu'à ce que de ces 2. il ne s'en fasse plus qu'un...	La Lucha de los dos Dragones que se devoran el uno al otro hasta que, de los dos, sólo quede uno.	120.

---

[138] Frase con una línea perdida. Reconstruida del texto principal.

[C'estoit un Esprit qui dessendoit du Ciel et qui est] l'Esprit invisible pour engrossir la terre qui est la femelle qui se joint au masle qui est le Soufre. Et du concours de ces 2. substances, il en vient la semence prolifique…	[Hay un Espíritu que desciende del Cielo y que es][139] el Espíritu Invisible que deja encinta la Tierra que es la Hembra que se une con el Macho, que es el Azufre. Y de la combinación de estas dos Sustancias, surge la Semilla Prolífica.]	124.
La table d'Hemeraude du grand Hermes qui fut trouvée dans son sepulchre, dans la vallée d'Ebron, apres le deluge	La Tabla de Esmeralda del gran Hermes, que se encontró en su sepulcro, en el valle de Hebrón después del Diluvio.	124.
Ce mesme Esprit dessend du ciel dans le centre de la terre ou il commence a ce coaguler par la vertu de son sel hermaphrodite qui est son ayman…	El mismo Espíritu desciende del Cielo al Centro de la Tierra y comienza a coagularse por la virtud de su Sal Hermafrodita, que es su Imán.	125.

FIN DE LA TABLE

---

[139] Frase con una línea perdida. Reconstruida del texto principal.